MEDDWL AM MAN U

Rhodri Jones

Argraffiad cyntaf: 2021

Dymuna'r cyhoeddwyr gydnabod cymorth ariannol
Cyngor Llyfrau Cymru

Llun y clawr blaen: Remco Merbis a Time to Change Wales
Cynllun y clawr: Sion Ilar

Rhif Llyfr Rhyngwladol: 978 1 80099 038 8

Cyhoeddwyd, rhwymwyd ac argraffwyd yng Nghymru gan
Y Lolfa Cyf., Talybont, Ceredigion SY24 5HE
gwefan www.ylolfa.com
e-bost ylolfa@ylolfa.com
ffôn 01970 832 304
ffacs 832 782

Diolchiadau

Diolch i Evan ac Arthur, fy meibion. Maent wedi dysgu mwy i mi na alla i fyth ei ddysgu iddyn nhw.

Diolch i Louise, fy ngwraig, am ei holl gefnogaeth a chariad. Mae hi wedi gorfod bod yn amyneddgar gyda fi ar adegau.

Diolch i Mam a Dad am yr holl gefnogaeth yn ystod fy ngyrfa bêl-droed ac am roi'r cyfle gorau i mi lwyddo, ond yn bwysicach, am yr holl gariad wedi i 'ngyrfa ddod i ben.

Diolch i Martyn, fy llysdad, am beidio ymyrryd wrth i mi geisio gwireddu fy mreuddwyd ac am beidio cwyno unwaith wrth helpu Mam i'm hebrwng i'r holl ymarferion a threialon.

Diolch i Rhys, fy mrawd, am yr oriau lu dreuliodd yn chwarae pêl-droed gyda fi yn yr ardd pan oeddem yn blant ac am beidio dangos unrhyw fath o genfigen. Mae'r cariad tuag at Manchester United yn parhau iddo fe a'i feibion hyd heddiw.

Diolch i Lisa, fy chwaer. Mae ganddi yr un chwilfrydedd â minnau am y byd a'i bethau.

Diolch i Dad-cu am drosglwyddo'r cariad at chfau i'w ŵyr.

Diolch i Lefi Gruffudd, Y Lolfa, am yr holl gefnogaeth ac am fod yn gefnogol i'r syniad o gyhoeddi'r llyfr hwn. Diolch hefyd i Marged Tudur, golygydd y llyfr. Mae'n siŵr fod golygu wedi bod yn brofiad annymunol i Marged a hithau'n gefnogwr Lerpwl!

Diolch i'r awdur Jon Gower am ddangos ffydd ynof ar ddechrau'r broses ac am fy annog i ysgrifennu'r llyfr. Heb hwb o'r fath, efallai na fuaswn wedi mentro o gwbl.

Diolch i'r chwaraewyr y bu i mi rannu cae â nhw drwy gydol fy ngyrfa, ac i'r rheini sydd yn parhau i fod yn ffrindiau agos i mi hyd heddiw – yn bennaf Richard Carter, Ryan Britany, Jason Welsh a Rhys Griffiths

Diolch i Alan Lee, cyn-ymosodwr Iwerddon a Chaerdydd. Ffrind hael a charedig dros ben a roddodd lety i mi pan ro'n i'n ailadeiladu fy mywyd yn dilyn fy nghyfnod yn Rotherham. Diolch hefyd i fy nghyd-letywyr a'r cyn-bêl-droedwyr proffesiynol, Layton Maxwell a David Hughes am yr holl amseroedd da!

Diolch i Marek Szmid. Fe yw'r unig ffrind sydd wir yn gallu deall fy nheimladau. Mae'n parhau i helpu chwaraewyr yn ei rôl fel Is-Bennaeth Adran Addysg a Lles Manchester United, ac nawr yn ei waith fel asiant pêl-droed.

Diolch i Mark Jones, cyn-reolwr Port Talbot a Chaerfyrddin am ei gefnogaeth wedi i mi ddiweddu fy ngyrfa bêl-droed. Mae'n rhaid ei fod yn brofiad annifyr bod yn bresennol wrth i'r arbenigwr argymell i mi ymddeol o'r gêm – wedi dweud hynny ceisiodd fy nenu yn ôl i'r cae sawl gwaith, a finnau'n gorfod ei atgoffa taw nid *sabbatical* ro'n i wedi ei gymryd!

Diolch i Geraint Rowlands, cynhyrchydd y rhaglen ddogfen *Giggs, Rhodri a Beckham* am y cyngor cychwynnol wrth i mi geisio meithrin gyrfa ym myd teledu wedi i'r yrfa bêl-droed ddod i ben.

Diolch i'r diweddar Tony Hopkins, sgowt Man United, am roi'r cyfle i mi wireddu fy mreuddwyd yn y lle cyntaf, a diolch i Syr Alex hefyd am fy ngalluogi i brofi bywyd yn Man U a meithrin atgofion bythgofiadwy yn ystod un o gyfnodau mwyaf euraidd y clwb.

Ac yn olaf, diolch i'r reddf i oroesi sydd ynof a fu'n fodd i'm harwain a'm hachub ar sawl achlysur yn ystod fy mywyd. Rwyf wedi bod yn ffodus.

Rhagair

'SON, WE WILL not be extending your contract.'

Hoeliwyd y geiriau ar y co'.

Distawrwydd llethol, fy ngheg yn sych grimp, crebachais yn y gader, y freuddwyd yn ffoi. Fy meddwl yn gawdel.

'Paid â gadel iddo dy weld yn crio... wimps sydd yn crio.'

'Bydd dy ffrindiau yn chwerthin ar dy ben.'

'Rwyt wedi gadael dy deulu i lawr.'

'Paid â meiddio crio o'i flaen e.'

Roedd y dyn a eisteddai o 'mlaen yn hen ben ar ysgogi ei dîm yn yr ystafell newid ond yn ei swyddfa doedd dim y gallai ei ddweud i gysuro crwtyn ifanc torcalonnus.

Yn drwsgl, llwyddais i yngan gair neu ddau yn diolch am y cyfle. Siglodd Syr Alex fy llaw yn gadarn gyda golwg o dosturi ar ei wyneb.

Caeais y drws yn dawel ar fy ôl – y gobaith o wisgo crys tîm cyntaf Manchester United bellach ar chwâl a'r byd yn cau yn dynn amdanaf.

Llifodd y dagrau.

Hunangofiant yn dathlu gyrfa hir a llwyddiannus fel pêl-droediwr proffesiynol oedd y ddelfryd. Diweddwyd y gobeithion hynny'n gynnar wrth i mi orfod ymddeol o'r gêm yn fy ugeiniau cynnar wedi brwydro'n aflwyddiannus i wella o anaf a gefais ar fy mhen-glin yn 16 oed. Bellach rwyf yn nesáu at 40 oed. Mae'r ben-glin yn parhau i ddirywio'n raddol ond ochr yn ochr â hynny dwi wedi bod yn brwydro gyda phyliau o iselder ers pan o'n i'n blentyn. Cafodd yr ymdrech i ymdopi gyda'r salwch effaith andwyol ar fy ngyrfa fel pêl-droediwr proffesiynol. Trodd y freuddwyd yn hunllef yn ystod yr adegau tywyllaf.

Yn 2019 bu farw'r sgowt oedd yn gyfrifol am roi'r cyfle i mi yn Manchester United. Yn yr angladd, gwelais rai o fy nghyn-hyfforddwyr a ddylanwadodd ar fy ngyrfa, gan gynnwys Syr Alex Ferguson, rheolwr tîm cyntaf y clwb tra ro'n i yno.

Hwn oedd y tro cyntaf i mi weld Syr Alex yn y cnawd ers i mi adael y clwb, ond siarades i ddim gyda'r 'boss' yn yr angladd. Wyddwn i ddim beth i ddweud wrtho. Byddai'n annhebygol o'm cofio p'run bynnag.

Daeth yr atgofion i'r wyneb eto wrth weld yr holl wynebau cyfarwydd. Gadawais yr angladd gyda chymysgedd o deimladau – euogrwydd am fethu gwobrwyo'r ffydd ddangosodd y sgowt ynof i, ond hefyd gyda hedyn y syniad o ysgrifennu llyfr wedi ei blannu yn fy mhen.

Mae'r llyfr hwn yn gyfle i mi rannu'r profiadau bythgofiadwy ac unigryw ddaeth i'm rhan wrth anelu at yr uchelfennau, mewn gyrfa a ddechreuodd o ddifri yn Manchester United ac a orffennodd yng Nghaerfyrddin. Mae hefyd yn gyfle i sôn am y siwrne dwi wedi bod arni i ddeall sut mae'r meddwl yn gweithio a sut rwyf wedi mynd ati i ddatblygu fy hthrwydd seicolegol. Am gyfnod helaeth o fy mywyd, credais fod fy meddyliau bygythiol yn arwydd o wendid. Deallaf erbyn hyn nad yw hyn yn wir. Mae meddyliau pawb yn brysur o bryd i'w gilydd. Yr hyn sy'n bwysig yw peidio â gwrando'n ormodol ar y llais yn y pen. O wneud hynny, daw rhyddid rhag crafangau caeth y meddwl. Bu adeg pan ystyrid bod mynd i'r gampfa i ymarfer y corff yn rhywbeth i rai pobl yn unig ond bellach mae'n weithgaredd poblogaidd a chyffredin sy'n rhan o'n diwylliant. Mae gofyn rhoi yr un sylw i hybu iechyd y meddwl hefyd. Ein cyrff yw ein cerbydau ond rhaid cofio taw ein meddyliau sydd wrth y llyw.

Mae'r profiad o ysgrifennu'r llyfr wedi bod yn un o fwynhad ar y cyfan, ac yn aml dwi wedi ymgolli yn y broses o ysgrifennu. Dwi wedi mwynhau yn hytrach na meddwl gormod am y llinell derfyn. Mae'r geiriau fel petaent yn ysgrifennu eu hunain ar adegau – heb os maent wedi ffurfio yn yr isymwybod dros y blynyddoedd. Ambell dro, rwy'n ei chael hi'n anodd – nid oherwydd cynnwys y llyfr – ond yn hytrach dwi wedi gorfod camu mewn i esgidiau sydd ddim yn fy ffitio rhagor.

Dwi wastad wedi bod yn berson chwilfrydig, ond diflannodd hynny wedi digwyddiad ar y bws gyda charfan Ysgolion Cymru. Roedd y bechgyn yn trafod pwnc oedd yn destun siarad yn aml sef menywod roedden nhw am 'shagio'.

'I'd love to do a bit with her,' meddai un.

'I bet she's great in bed,' meddai'r llall.

'What do you think happens in your mind when you orgasm?' meddwn yn uchel

'You what?!'

'You know that feeling... what is that? Doesn't any one else wonder about it?'

Distawrwydd cyn i'r bws cyfan ddechrau chwerthin ar fy mhen. Gwell oedd dilyn y llif o hynny ymlaen. Ches i ddim trafodaeth o'r fath am yr ugain mlynedd nesaf – ond yn ffodus ailgyneuodd y chwilfrydedd ynof.

Dyma'r llyfr fyddai wedi bod yn fuddiol i mi ddarllen

pan o'n yn grwtyn. Treuliais y tri deg pum mlynedd cyntaf o 'mywyd yn ceisio bod yn berffaith, heb sylweddoli fy mod eisoes yn berffaith yn fy amherffeithrwydd.

Pennod 1

His football prowess made his parents very proud,
Day after day on rain lashed grounds.
From school, to youth, to many an academy,
To Old Trafford, Man U, and captaining his Country.
We shared his dreams in those heady days
Of a footballing life and expensive ways.
But major ops and reconstruction
Meant an early end to Rhod's ambition.

Dad (2014)

(Mynnodd Dad ddweud cwpl o eiriau yn fy mhriodas. Roedd ei araith yn Saesneg gan taw Saesnes yw fy ngwraig. Rhybuddies hi a'i theulu taw chwarae i Gymru fyddai'r meibion petaen nhw yn cael cyfle i gynrychioli eu gwlad!)

Teimlaf drueni dros rai sydd heb ddarganfod gweithgaredd neu ddiddordeb sy'n tanio'r dychymyg. Mae gan bawb ryw ddawn unigryw – er yn aml, lwc sy'n gyfrifol am ddod â'r ddawn honno i'r wyneb. Plentyndod yw'r amser gorau i arbrofi, i fethu heb boeni ac i freuddwydio'n rhydd, cyn i gyfrifoldebau bywyd fel oedolyn eich rhwymo'n dynn a chyfyngu ar y posibiliadau, gan ddiffodd y tân i nifer.

Pêl-droed oedd fy angerdd i a chydiodd y gamp ynof yn gynnar. O'r gic gyntaf, teimlai'n hollol naturiol i mi fel petai fy nghorff wedi cael ei greu'n bwrpasol i gicio pêl. Yn ffodus, roedd gennyf deulu oedd yn rhannu'r un diddordeb yn y gêm. Byddai Dad a fy mrawd Rhys, sydd yn ddwy flynedd yn hŷn, yn ymuno â fi yn yr ardd, gyda'r bêl yn gyfaill ufudd a ffyddlon. Roedd yna batrwm i'n chwarae – un ohonom yn croesi, un yn saethu at y gôl a'r llall yn sefyll rhwng y pyst, cyn cyfnewid safleoedd. Ymhen hir a hwyr byddai Dad a Rhys yn dychwelyd i'r tŷ, ond mynnwn i aros tu fas. Byddwn yn trysori'r amseroedd arbennig pan fyddem yn chwarae fel teulu, ond taniai'r dychymyg yn fwy pan chwaraewn ar ben fy hun. Cymaint oedd yr awydd ynof i wella ac i ddysgu fel nad oeddwn i hyd yn oed yn barod i adael y 'cae' am bum munud i fynd i'r tŷ bach. Lleoliad bach preifat tu ôl i'r sied oedd y man pisho! Mam oedd y reffyrî a byddai hi'n gadael i'r chwarae barhau nes byddai'r haul wedi hen ddiflannu, cyn fy ngalw i mewn o'r tywyllwch gyda'r bêl o dan fy nghesail. Roedd y bêl yn rhy fawr i ddod gyda fi i'r bath ond doedd dim lle i'r tedi bêrs yn fy ngwely gyda'r bêl yn gysur i mi o dan y blancedi.

Manchester United oedd y tîm gefnogai fy nhad yn blentyn a George Best oedd ei arwr. Roedd dylanwad Dad yn gryf arnom. Man U oedd tîm fy mrawd a finnau yn ystod ein plentyndod, a hynny yn ystod yr 80au a'r 90au cynnar. Roedd yna ddagrau yn y tŷ pan fyddent yn colli ond roedd un chwaraewr yn y garfan fyddai'n siŵr o godi fy ysbryd bob tro y gwelwn e'n chwarae. 'Captain Marvel', sef y chwaraewr canol cae o Loegr, Bryan Robson oedd y gŵr hwnnw. Edmygwn ei steil digyfaddawd o chwarae. Roedd e'n danllyd, yn hynod o gystadleuol ac yn daclwr ffyrnig. Dioddefodd yn arw gydag anafiadau ond wedi gwella byddai'n dychwelyd i'r cae gyda'r un tanbeidrwydd yn ei chwarae. Ysbrydolai'r chwaraewyr o'i gwmpas gan sgorio goliau hollbwysig i'w wlad a'i glwb.

Treuliais oriau di-ri yn ei ddynwared ar fy 'Old Trafford' bach fy hun yn yr ardd. A finnau yn droed chwith fel fy arwr.

Ychwanegwn sylwebaeth ar fy symudiadau wrth geisio efelychu'r ffordd roedd e'n sefyll, y ffordd roedd e'n symud, y ffordd roedd e'n pwyntio ei fys at weddill y tîm – yn eu trefnu fel capten da. Yr adar yn y goedwig a amgylchynai'r ardd oedd fy unig dorf. Hyd yn oed heddiw, pan glywaf adar yn canu caf fy nghludo'n ôl i'r amser arbennig hwnnw.

Trwy ddagrau o lawenydd gwyliais Capten Marvel yn codi tlws Uwch Gynghrair Lloegr yn 1993, wedi saib o bron i chwarter canrif ers i'r clwb ennill y gynghrair ddiwethaf yn ôl yn 1967. Dyheais am y cyfle i'w efelychu fel chwaraewr canol cae.

Nid dilyn patrwm teuluol a wnaeth Dad. Arsenal oedd tîm Tad-cu. Roedd yn Gymro balch a'r gôl-geidwad Jack Kelsey, a gynrychiolodd ei wlad yng Nghwpan y Byd 1958, oedd ei arwr ef. Tad-cu oedd y pen teulu am sawl blwyddyn cyn iddo farw yn naw deg oed ar ddechrau 2019. Roedd yn draddodiad ganddo i nodi digwyddiadau arbennig drwy ysgrifennu cerdd – pob tro yn odli. Mae'r traddodiad hwnnw wedi ei etifeddu gan fy Nhad a minnau erbyn hyn. Roedd hefyd yn awdur o fri ac mae pentwr o'i lyfrau wedi ymgartrefu erbyn hyn ar fy silff lyfrau. Bu'n byw yn ei dŷ yng Nghaerdydd am dros hanner canrif. Un o fy atgofion pennaf yw sŵn y cloc a diciai yn ei lolfa. Byddai bob amser yn rhoi teimlad o lonyddwch i mi pan fyddwn yn ymweld. Mae'r cloc hwnnw bellach yn fy ystafell fyw, yn gysur i mi, gyda phob tic-toc yn fy atgoffa ohono. Mae ei ddylanwad yn parhau.

Doedd fyth angen *bouncy castle* na chlown i'm difyrru adeg fy mharti pen-blwydd. Archebai Mam neuadd y ganolfan hamdden am brynhawn, gosod gôls ac i ffwrdd â fi. Fel yn yr ardd, fyddwn i ddim yn stopio ware am eiliad. Y gwahaniaeth oedd fod mwy o siawns o or-gynhesu dan do. Gorfododd Mam i mi gymryd saib un tro gan fy mod i'n chwysu'n stecs. Yr atgof olaf sydd gen i o'r prynhawn hwnnw yw pwdu a dringo i eistedd ar y wal oedd o gwmpas y neuadd. Deffrais yn gorwedd ar fy nghefn â bag o iâ yn cael ei wasgu ar lwmpyn mawr ar ochr fy mhen wedi i mi lewygu a chwympo oddi ar y wal.

Roedd diniweidrwydd yn perthyn i bêl-droed bryd hynny a ddiflannodd yn ystod fy ngyrfa. Gallwn fynegi fy hun yn agored gyda neb yn fy marnu. Ro'n i'n chwarae heb ofn. Doedd y pwysau a'r disgwyliadau ddim yn bodoli. Doedd anafiadau ddim yn fy rhwystro. Doedd fy hunaniaeth fel person ddim wedi ei diffinio yn llwyr gan bêl-droed ond roedd yna arwyddion, hyd yn oed bryd hynny, fod hynny ar fin cychwyn. Yn bum mlwydd oed ysgrifennodd fy athrawes 'Pob lwc gyda'r pêl-droed' ar waelod fy adroddiad cyntaf.

Dwi'n cofio cyfnewid sticeri Panini gyda'r awdur Llwyd Owen pan ro'n i'n Ysgol y Wern. Roedd Llwyd dipyn yn hŷn na fi. Fe oedd fy 'swog' yn yr ysgol, a olygai ei fod yn fy mugeilio yn saff at fy rhieni wedi i'r gloch ganu ar ddiwedd y dydd. Ond pentwr bach o sticeri oedd gen i o'i gymharu â'r llond bocs oedd ganddo fe. Roedd hynny oherwydd taw un sticer yn unig oedd ei angen arno i gwblhau ei albwm. Rhaid ei fod wedi gwario ffortiwn yn ceisio ei orffen.

Roedd wyneb Llwyd yn bictiwr wrth iddo oedi ar un chwaraewr yng nghanol y pac. Syllai yn gegrwth ar Mitchell Thomas, amddiffynnwr Tottenham Hotspur. Y sticer hwn oedd yr unig wagle yn ei lyfr. Dyw Mitchell Thomas ddim yn rhywun adnabyddus iawn yn y byd pêl-droed ond i Llwyd yn y foment honno, fe oedd y chwaraewyr pwysicaf yn y byd. Gwirionodd Llwyd gan adael ei 'swops' i gyd i mi – yr anrheg orau dderbyniais erioed.

Oedd, roedd pêl-droed yn obsesiwn oddi ar y cae hefyd. Gallwn enwi stadiwm pob clwb a threuliwn oriau lawer yn ysgrifennu enwau chwaraewyr carfanau'r clybiau ar bapur, nid yn unig chwaraewyr yr Uwch Gynghrair ond chwaraewyr holl glybiau cynghreiriau Lloegr ar y pryd – dros naw deg ohonynt. Gorchuddiwyd llawr y tŷ gyda darnau o bapur yn llawn sgribls a sgôrs. Byddwn yn creu gemau ffug, gan benderfynu pa dimoedd fyddai'n chwarae ei gilydd, beth fyddai'r sgôr, pwy fyddai'n sgorio ac ym mha funud o'r naw deg y sgoriwyd y goliau – y cwbl mewn gemau a fodolai yn y dychymyg yn unig.

Dros y blynyddoedd dwi wedi ceisio dadansoddi'r duedd ynof i fod mor obsesiynol. Doedd yr un o fy ffrindiau yn gwneud pethau o'r fath a dwi'n gwybod bod fy rhieni a fy mrawd yn credu mod i'n od ar brydiau. Ond chwarae teg, wnaethon nhw fyth ymyrryd. Efallai fy mod yn ceisio rhoi trefn ar fyd di-drefn neu efallai mod i'n ceisio ffoi o fyd a deimlai'n ddiflas o'i gymharu â'r bydysawd a greais i mi fy hun.

Er gwaetha'r holl ymarfer a'r diddordeb ysol yn y gêm, fy mrawd a gafodd y brêc mawr cyntaf. Derbyniodd wahoddiad gan hyfforddwr y clwb lleol i fynd i ymarfer gyda nhw wedi iddo gynrychioli'r ysgol gynradd mewn twrnament lleol. Nid ei longyfarch a wnes ond yn hytrach achwyn yn ddi-baid ar Mam. Gorfodwyd iddi ofyn i'r hyfforddwr a fyddai'n iawn i mi ddod gyda fy mrawd ar gyfer un sesiwn ymarfer. Dwi'n meddwl iddo synhwyro'n gyflym taw'r peth gorau fyddai ildio.

Mae'n allweddol nad yw rhieni yn rhoi gormod o bwysau ar eu plant ac yn rhoi digon o gyfleoedd iddynt ymgeisio mewn meysydd gwahanol. Fodd bynnag, roedd dyfalbarhau gyda'r pêl-droed yn blentyn yn teimlo'n naturiol i mi a wnaeth Mam a Dad ddim fy ngwthio i un cyfeiriad na'r llall. Wnes i erioed ystyried rhoi'r ffidil yn y to ond mater gwahanol oedd y piano. Roedd fy mrawd yn mynd am wersi wythnosol ac roedden nhw'n ddiflas. O gwyno yn ddi-baid wrth Mam i beidio fy ngorfodi i fynd am wersi piano, fe ildiodd hi, diolch byth. Gallwn ddychmygu fy hun fel y Bryan Robson nesaf ond yn sicr, nid fi fyddai'r Beethoven nesaf!

Nid i Old Trafford ond yn hytrach i Ninian Park yr es i weld fy ngêm gyntaf. Scunthorpe oedd gwrthwynebwyr Caerdydd y prynhawn hwnnw. Roedd tîm y brifddinas i lawr yng ngwaelodion cynghreiriau Lloegr ar y pryd. Enillodd y tîm cartref o un gôl i ddim, ond nid y sgôr na'r gêm ei hun a wnaeth yr argraff fwyaf arnaf y prynhawn hwnnw ond yn hytrach y wefr o fod mewn stadiwm am y tro cyntaf.

Mae yna gwpl o fanylion sydd yn sefyll mas yn y co' o'r diwrnod hwnnw. Gwthio trwy'r tyrnsteils, gwynt y Clark's Pies, gwyrddni'r cae wrth gerdded lan y grisiau yn yr eisteddle, cân 'Simply the Best' gan Tina Turner yn bloeddio o'r seinyddion wrth i'r timoedd redeg ar y cae. Byd newydd yn agor o flaen fy llygaid. Y posibilrwydd o efelychu'r chwaraewyr o'm blaen yn dal yn freuddwyd bell ond y diddordeb yn y gêm yn cynyddu gyda phob munud o'r naw deg.

Allwn i ddim dirnad pam fod y cefnogwyr yn mynd mor grac gyda'r chwaraewyr. Mae angerdd yn rhan annatod o'r gêm, ond allwn i ddim rhesymu a deall maint y casineb a dreiddiai o'r dorf. Doedd wynebu'r fath beth ddim yn rhywbeth oedd yn apelio, ond doedd hyd yn oed hynny ddim yn ddigon i'm hatal rhag mentro ar yrfa fel chwaraewr proffesiynol.

Cefais fy mhwl cyntaf o'r hyn rwy'n ddeall erbyn hyn i fod yn iselder cyn i'r yrfa bêl-droed ddechrau o ddifri. Pan o'n i tua saith mlwydd oed dioddefais rhyw fath o argyfwng dirfodol wrth sylweddoli na fyddai Mam a Dad yn byw am byth. Dydw i ddim yn cofio beth yn gwmws wnaeth fy sbarduno i feddwl am y fath beth – ar wahân i golli un fam-gu doedd marwolaeth erioed wedi cyffwrdd fy aelwyd ar y pryd. Ond cafodd y syniad o farwoldeb fy rhieni gryn effaith arnaf. Colles bwrpas i fywyd am gyfnod gan feddwl beth oedd pwynt byw os marw fyddai tynged pawb yn y diwedd. Cawn hunllefau am y peth ond doedd dim clem gen i sut i ddygymod gyda theimladau a meddyliau o'r fath.

Ro'n i'n fachgen synhwyrus, chwilfrydig, oedd yn meddwl yn ddwfn am bethau – yn gor-feddwl ar adegau. Arweiniodd y nodweddion hynny o fy mhersonoliaeth i mi feio fy hun pan ysgarodd Mam a Dad a finnau yn naw mlwydd oed. Chwalodd fy nelwedd o deulu 'perffaith'. Teimles yn euog am yr ysgariad, fel taw fi oedd yn gyfrifol rhywsut. O ganlyniad dechreues blesio eraill a blaenoriaethu eu teimladau nhw yn hytrach na bod yn driw i mi fy hun. Allai Mam ddim rhoi'r gefnogaeth y byddai wedi dymuno ei roi i mi oherwydd roedd hi'n addasu i'r sefyllfa deuluol newydd, yn ogystal, yn fuan wedi hynny fe fu farw ei mam yn ein tŷ ni wedi cyfnod o salwch. Roedd hi'n byw yn Graigwen yn Llwynhendy ar gyrion Llanelli, ond wrth i'w hiechyd ddirywio daeth i aros yn ein ystafell sbâr. Bydden i'n mynd mewn i'w hystafell wely bob bore i ddawnsio er mwyn codi ei hysbryd. Un bore doedd dim modd i fi ddeffro 'Gu Graig, ac allwn i ddim deall pam. Roedd ei marwolaeth yn atgof uniongyrchol o'r argyfwng dirfodol ddioddefais gwpl o flynyddoedd ynghynt. Roedd fy mrawd a finnau yn rhannu 'stafell wely pan farwodd 'Gu, ond ymhen cwpl o flynyddoedd doedd yr ystafell ddim yn digon mawr i'r ddau ohonom. Symudes i'r ystafell sbâr – yr un ystafell lle darganfyddais 'Gu yn farw. Dioddefais hunllefau gwael yn yr ystafell honno a wnes i fyth setlo yn llwyr ynddi, er na ddywedais ddim wrth neb. Do'n i ddim am drwblu Mam a hithau yn dal i alaru ac ar ben hynny, bu'n rhaid iddi roi'r gorau i'w gwaith fel athrawes oherwydd problemau iechyd.

Mae gennyf berthynas gariadus gyda fy rhieni ac mae'r ddau ohonynt wedi bod yn gefnogol i mi ar hyd fy siwrne. Erbyn heddiw, dwi'n llawer mwy agored gyda nhw, ond ar y pryd fe gleddais fy nheimladau, gan ddianc i fyd y bêl gron ac i ddyfnderoedd fy nychymyg.

Pennod 2

RO'N I'N CHWARAE i'r clwb lleol hyd nes i mi fod tua 10 mlwydd oed. Doedd y cyfleusterau ddim yn grêt. Roedd yr ystafelloedd newid yn cwympo i bishys gyda haen o lwch yn gorchuddio popeth. Cawodydd oer fyddai'n ein disgwyl ar ddiwedd y gemau. Bydden hefyd yn helpu i gario'r pyst pren o'r ystafell newid a'u codi cyn bob gêm gartref. Doedden ni ddim yn talu llawer o sylw i'r pethau cefndirol yma ar y pryd. Yr unig beth oedd yn ein poeni oedd bod y peli wedi cael eu pwmpio yn iawn.

Roeddem yn dîm talentog a llwyddiannus ond y gwir fwynhad oedd y chwarae yn hytrach na'r canlyniadau a'r tlysau. Doedd y disgwyliadau i lwyddo fel pêl-droediwr proffesiynol ddim yn pwyso ar fy ysgwyddau ar y pryd. Newidiodd hynny yn raddol wrth i mi gael fy newis i gynrychioli Ysgolion Caerdydd.

Mae gan y clybiau mawr rwydwaith o sgowtiaid ar draws Prydain. Y nod yw i ddarganfod chwaraewyr fydd â'r potensial i arbed miliynau o bunnau i'r clybiau, neu fydd yn werth miliynau o bunnau iddynt mewn costau trosglwyddo yn y dyfodol. Wrth chwarae i Ysgolion Caerdydd y des i gyswllt â'r sgowtiaid am y tro cyntaf. Hawdd oedd eu sbotio ar y llinell ystlys – safent yn llonydd gyda'u hwynebau pocer a'u cotiau hir, eu meddyliau'n brysur yn dadansoddi a gwerthuso perfformiadau'r chwaraewyr o'u blaenau.

Nid swydd barhaol yw gyrfa fel sgowt, ond byddai'r gobaith o ddarganfod y seren nesaf yn ddigon o ysgogiad iddyn nhw dreulio oriau o'u hamser sbâr yn sefyll ar ochr y cae, a hynny ymhob tywydd. Heidiai sgowtiaid o bob math o glybiau i'r brifddinas bob penwythnos. Difyr oedd ceisio dyfalu pa glwb oedd pob sgowt yn ei gynrychioli wrth gerdded o'r cae tuag at yr ystafell newid ar hanner amser.

Wolverhampton Wanderers oedd y tîm a arwyddodd yr ymosodwr Jermaine Easter. Chwaraeodd yn nhîm Ysgolion Caerdydd gyda fi, ac aeth yn ei flaen i ennill 12 cap dros ei wlad. Roedd Gareth Bale tua 7 mlynedd yn iau ac fe'i harwyddwyd i Southampton. Cysylltodd y ddau glwb gyda fi ynghyd â llu o rai eraill. Bellach roedd Mam fel ysgrifenyddes yn delio gyda galwadau ffôn ac yn ymateb i lythyron oedd yn dechrau cyrraedd yn y post o glybiau gwahanol yn fy ngwahodd i fynd ar dreial. Yn ara' bach, cynyddodd y gobeithion o lwyddo fel pêl-droediwr proffesiynol.

Wrth ymchwilio ar gyfer y llyfr hwn, darganfyddais fod plant mor ifanc â chwech yn cael eu sgowtio gan glybiau proffesiynol. Yn fy marn i mae hyn yn beryg ac yn rhoi disgwyliadau afrealistig arnyn nhw a'u rhieni. Mae unrhyw gysylltiad gyda chlwb proffesiynol yn mynd i gynyddu gobeithion. Llai nag 1% o fechgyn naw mlwydd oed sydd yn mynychu academïau'r clybiau proffesiynol sydd yn llwyddo i gael gyrfa fel chwaraewyr proffesiynol. Mae'n bwysig meithrin breuddwydion mewn bywyd ond mae angen gair o rybudd hefyd fel nad ydi'r gwymp a'r siom mor wael pam nad ydi'r breuddwydion hynny'n cael eu gwireddu.

Treuliais y penwythnosau yn cael fy hebrwng o gwmpas caeau pêl-droed ledled Lloegr. Bydden i lan yng ngogledd Lloegr un penwythnos gyda Leeds United ac wedyn y penwythnos nesaf reit lawr ar arfordir y de gyda Southampton, ac efallai draw yn Llundain gyda Crystal Palace y penwythnos canlynol. Derbyniais lythyr gan Steve Heighway hyd yn oed, gŵr a serennodd ar y cae i Lerpwl yn ystod y 70au a phennaeth tîm ieuenctid y clwb ar y pryd. Gwrthod y gelyn yn gwrtais wnes i. Doedd dim siawns i mi arwyddo gyda nhw, yn enwedig a hwythau wedi sillafu fy enw fel 'Rodri' ar y llythyr!

Roedd yn gyfnod cyffrous ond yn flinedig hefyd yn sgil yr holl deithio gan gwrdd â chwaraewyr a hyfforddwyr dieithr. Dwi'n berson mewnblyg, sy'n golygu fy mod yn ddigon cyffyrddus yn fy nghwmni fy hun. Golygai hefyd fod y penwythnosau yn llyncu llawer o fy egni gan fy mod yn sensitif i amgylchedd newydd ac am fy mod yn cwrdd â chymaint o wynebau newydd ar unwaith. Dyna pam mae bywyd syml yn apelio ataf; does dim angen llawer o gyffro arnaf i'm cadw'n hapus a tydw i erioed wedi profi diflastod.

Daeth goleuni o lanast yr ysgariad. O fewn pum mlynedd, ailbriododd Dad a Mam. Cafodd fy Nhad blentyn arall – hanner chwaer i mi o'r enw Lisa. Priododd Mam hefyd ac yn ddiweddarach yn fy mywyd, er taw rygbi roedd fy llysdad yn ffafrio, roedd yntau yn gefnogol i'r pêl-droed ac am roi'r cyfle gorau i mi lwyddo. Doedden nhw ddim am gyfyngu fy opsiynau gyda chymaint o glybiau yn ceisio fy annog i arwyddo gyda nhw. Cynigodd un clwb swm sylweddol o arian i'r teulu hyd yn oed. Roedd hi'n galed iddyn nhw fy nghynghori y naill ffordd neu'r llall a hwythau heb unrhyw brofiad mewnol o'r gêm broffesiynol.

Clwb oedd yn flaengar iawn ar y pryd yn Ne Cymru oedd Norwich City. Sefydlon nhw sesiynau ymarfer wythnosol i chwaraewyr gorau De Cymru yng Nghas-gwent, reit ar y ffin rhwng Cymru a Lloegr. Bydden i'n mynd yno yn rheolaidd.

Cynrychiolais y clwb mewn twrnament yn Sweden gyda chyn-ymosodwr Cymru, Craig Bellamy, a chyn-chwaraewr canol cae Cymru, Simon Davies, neu 'Digger' fel roedd pawb yn ei adnabod. Dyma sut ddechreuodd Bellamy ei yrfa broffesiynol gyda'r clwb. Dechreuodd Simon ei yrfa yn Peterborough, dinas nid nepell o Norwich. Gadawodd pennaeth tîm ieuenctid Norwich y clwb ac ymuno gyda Peterborough gan fynd â chasgliad o chwaraewyr gyda fe. Roedd e am i mi ymuno ond penderfynes beidio ag arwyddo iddyn nhw. Dyma oedd un o'r penderfyniadau gorau wnes i erioed.

Yn 2016 datgelodd sawl cyn-chwaraewr proffesiynol eu bod wedi cael eu cam-drin yn rhywiol mewn clybiau pêl-droed rhwng y 70au a'r 90au. Cefais fy syfrdanu gan yr honiadau. Gwelais gyfweliadau teledu gyda rhai o'r chwaraewyr. Roedd hi'n amlwg eu bod yn ail-fyw'r profiadau hunllefus wrth siarad. Cofiaf un gŵr a syllodd ar y llawr trwy gydol y cyfweliad. Teimlais gymaint o drueni drostynt ond edmygwn eu dewrder. Roedd yr hyfforddwyr yma yn 'borthorion' i freuddwydion plant diniwed ac argraffadwy. Pa fath o ddynion sydd yn gallu dcfnyddio pŵer o'r fath er mwyn bodloni eu trachwant mochaidd?

Holodd Mam a brofais i'r fath yma o gam-drin yn bersonol. Ro'n i'n lwcus i beidio dioddef y fath brofiad atgas. Nid oeddwn yn adnabod y chwaraewyr a ddioddefodd na'r hyfforddwyr a gyhuddwyd ond cwpl o fisoedd yn ddiweddarach cefais fraw wrth wylio'r newyddion. Roedd un ar ddeg o fechgyn a chwaraeai o dan 16 mlwydd oed wedi cyhuddo gŵr o'r enw Kit Carson o gam-drin rhywiol rhwng 1978 a 2009. Fe oedd y pennaeth ieuenctid yn Norwich a gesiodd fy mherswadio i arwyddo i Peterborough flynyddoedd yn gynharach. Arestiwyd Kit yn 2017 ond ar y ffordd i'r llys, tarodd ei gar i mewn i goeden a bu farw – cyd-ddigwyddiad neu fwriadol? Chawn ni fyth wybod. Gallasai fy nhynged yn y byd pêl-droed fod wedi bod yn wahanol iawn – dim ond 13 mlwydd oed o'n i pan geisiodd fy arwyddo i Peterborough. Gobeithiaf fod y rheini a effeithiwyd wedi medru gwella ac adennill eu bywydau, er gwaetha'r angenfilod.

Wnes i ddim arwyddo cytundeb ieuenctid gydag unrhyw un o'r clybiau a gysylltodd â mi. Roedd clwb o Fanceinion wedi cysylltu ond Man City yn hytrach na Man U oedd hwnnw. Ro'n i'n parhau i ddyheu am gyfle gyda'r clwb a gefnogwn ers yn blentyn, ond tawel oedd Man U ar y pryd. Ro'n i'n ymwybodol fod gan y clwb sgowtiaid dros Brydain gyfan, gan gynnwys un yn Ne Cymru. Doedd gen i ddim syniad pwy oedd y sgowt. Efallai ei fod wedi fy ngwylio eisoes ac wedi barnu nad o'n i o'r safon ddisgwyliedig.

Un tawel oeddwn i yn yr ystafell newid. Byddai rhai yn fy nisgrifio fel un swil, ond dewis peidio siarad wnawn i. Tydw i ddim yn hoff o wastraffu geiriau. Fûm i erioed yn un da am 'small talk', gwell gennyf siarad am bynciau dwfn. Bryd hynny, mae'r geiriau'n llifo, ond prin fyddai hynny'n digwydd yn yr ystafell newid.

Broliai rhai chwaraewyr am y clybiau oedd wedi cysylltu â nhw a'u gwahodd i fynd ar dreial. Un o'r prif gwestiynau yn yr ystafell newid ymysg y chwaraewyr oedd 'do you think you will make it?' Roedd yn gas gen i'r cwestiwn. Beth petawn i ddim yn ei 'gwneud hi' fel chwaraewr proffesiynol? Oedd hynny yn fy ngwneud yn fethiant? Brwydr am statws ymysg y chwaraewyr ydoedd ac roedd hefyd yn arwydd o ansicrwydd ynddynt. Does dim angen brolio os wyt yn sicr ohonot dy hun a dy dalent. Teimlwn drueni dros y rhai oedd heb dderbyn gohebiaeth gan unrhyw glwb. Ystyriwn fy hun yn ffodus fod gennyf y ddawn yma, ond do'n i ddim am i hynny fy siapio fel person. I mi roedd modd gwahanu'r byd allanol a mewnol, ond i eraill 'Rhodri the footballer' o'n i bellach.

Ro'n i'n gapten ar bob tîm y chwaraeais iddynt gan gynnwys tîm Ysgolion Caerdydd. Gair o gefnogaeth yn y glust fyddai fy steil, gan adael y bloeddio i eraill. Teimlwn taw'r ffordd orau o arwain oedd drwy osod esiampl ar y cae. Dwi wedi chwarae gyda rhai capteiniaid oedd yn siarad yn wych yn yr ystafell newid ond wedyn yn mynd ar goll yn ystod y frwydr ar y cae. Byddwn yn hoffi gadael yr ystafell newid yn teimlo'n grac, gyda'r tân yn llosgi fy môl, yn barod i frwydro a dylanwadu. Mae'r *armband* yn medru pwyso'n drwm ar freichiau rhai ond rhoddodd gryfder i mi ac ro'n i'n chwaraewr gwell pan oedd ar fy mraich.

Yn yr ystafell newid wedi un gêm soniodd un o'r bois ei fod wedi gweld rhywun yn y dorf oedd yn gwisgo cot Manchester United. Wnes i ddim sylwi. Ro'n i'n medru blocio popeth o'm pen wrth chwarae, hynny yw, popeth ar wahân i sgrech Mam. Ro'n i'n gwybod fy mod wedi cael gêm sâl os oedd hi'n dawel wedi'r chwiban olaf!

Deallaf nawr taw mewn *flow* oeddwn i, sef stad feddyliol lle mae amser yn diflannu, y meddyliau yn tawelu, a'r sylw i gyd wedi ei ffocysu ar y presennol a'r dasg ger bron. Yn aml, o dan y baw ar ddiwedd gêm ro'n i wedi fy ngorchuddio gyda gwaed, gyda dim atgof o sut ges i'r toriadau yn y lle cyntaf. Do'n i ddim yn talu sylw i'n iechyd wrth chwarae, efallai taw dyma sy'n esbonio'r holl anafiadau ges i yn ystod fy ngyrfa.

Derbyniodd Mam alwad ffôn cwpl o ddiwrnodau wedi'r gêm. Roedd hi'n amlwg o'r ffordd atebai'r ffôn taw sgowt oedd ar ben arall y lein – âi ei hacen yn *posh*. Fe wnes i ddianc lan lofft i'r 'stafell wely, gan geisio dychmygu'r sgwrs oedd yn digwydd o dan fy nhraed. Ro'n i'n ysu am fwy o fanylion ond roedd Mam ar y ffôn am sbel. Naddes ewinedd fy mysedd reit lawr i'r asgwrn.

O'r diwedd, gwaeddodd Mam arna' i ddod lawr llawr. Synhwyres y cyffro yn ei llais.

'Mae Manchester United wedi dy wahodd i fynd ar dreial gyda nhw.' Byddai rhywun yn dychmygu y buaswn i wedi byrstio gyda dagrau o lawenydd a'i chofleidio ond y gwir amdani oedd nad o'n i'n hoff o ddangos fy nheimladau, hyd yn oed o flaen fy nheulu. Roedd hi'n deimlad swreal, fel taw siarad am rywun arall oedd Mam ac nid amdana' i.

'Rhodri Jones – Y Captain Marvel nesaf efallai?' Dyma oedd y cam cyntaf ar fy siwrne i wireddu fy mreuddwyd.

Teimles foment sydyn o falchder cyn i'r euogrwydd daro. Dyma oedd breuddwyd fy Nhad yn ifanc hefyd. Pan oedd yn blentyn datgelodd ar gwis teledu taw 'chwarae i Manchester United' oedd ei ddymuniad. Roedd Tom fy ffrind gorau yn yr ysgol yntau'n dotio ar y clwb a 'mrawd hefyd. Do'n i ddim am ddwyn y sylw, ond ddangosodd fy mrawd erioed unrhyw arwydd o genfigen. Roedd y carchar meddyliol yn dechrau fy nghaethiwo. Do'n i ddim am siomi neb.

Tony Hopkins oedd sgowt Manchester United yn Ne Cymru. Prifathro o Fasaleg, ger Casnewydd ydoedd. Gwisgai'n smart, roedd ganddo liw haul parhaol, ac roedd e'n hoff iawn o siarad. Synnwn ei fod e'n medru canolbwyntio ar y gemau gyda'i holl glebran! Derbyniais lythyr ganddo yn y post. Nid yn y Mecca ym Manceinion fyddai'r gêm dreial, roedd yr anrhydedd hwnnw'n parhau i fod ymhell i ffwrdd. Gêm yn Sir Gaerloyw rhwng detholiad o chwaraewyr o Dde Cymru yn erbyn detholiad o chwaraewyr o Fryste a Chanolbarth Lloegr oedd y cam cyntaf. Byddai Les Kershaw, prif sgowt y clwb a Dave Bushell, Swyddog Datblygu Ieuenctid y clwb yn bresennol. Roedd rhaid creu argraff dda felly.

Roedden nhw am i mi chwarae yn y cefn fel amddiffynnwr. Nes i erioed fwynhau chwarae yn y cefn. Gwell gen i chwarae yng nghanol y cae fel Bryan Robson, a dyna oedd fy safle i dîm Ysgolion Caerdydd. Gallwn ddylanwadu mwy ar y gêm o'r safle hwnnw yn hytrach nag ymateb i symudiadau'r ymosodwyr, fel ddigwyddai weithiau wrth chwarae yn yr amddiffyn.

Roedd diffyg chwaraewyr troed chwith amddiffynnol talentog yn y gêm. Roedd gennyf droed chwith gref ac yn chwe throedfedd o daldra, felly dyma oedd y bwlch yr oedden nhw am i mi ei lenwi. Do'n i ddim mynd i ddadlau gyda nhw, gan fy mod yn ddiolchgar am y cyfle, boed hynny mewn unrhyw safle. Buaswn i wedi gwisgo'r menig a neidio rhwng y postiau gôl petai Man U yn dymuno hynny.

Roedd hi'n anrhydedd gwisgo crys Man United am y tro cyntaf, er y teimlai braidd yn amhersonol. Mae chwarae mewn gêm dreial yn brofiad od. Ar un llaw rhaid dangos gallu i chwarae yn rhan o'r tîm, ond ar y llaw arall, rhaid dangos doniau unigol. Ni ddylid ymddangos yn rhy hunanol ond eto rhaid bod yn bendant ar y cae. Roedd y chwaraewyr i gyd yn brwydro am y cyfle i barhau eu siwrne gyda chlwb mwyaf llwyddiannus Prydain ar y pryd. Doedd neb am fethu. Mae'r byd pêl-droed yn medru bod yn un didostur. Mae bron yn amhosib i gael ail gyfle i greu argraff.

Er colli'r gêm, y perfformiad yn hytrach na'r sgôr sydd yn cyfri mewn gêm o'r fath. Dangosais ddigon o botensial i gael fy ngwahodd yn ôl i gynrychioli'r clwb mewn cystadleuaeth yn swydd Stafford. Nesawn yn ddaearyddol at Fanceinion er bod gwaith i'w wneud o hyd a'r cystadlu'n addo i fynd yn ffyrnicach fyth. Yn ystod y twrnament hwnnw chwaraeais gyda bachgen ifanc o Lundain a oedd ar lefel wahanol o ran ei allu.

Roedd Joe Cole, gyda'i acen *Cockney* gref yn hoff iawn

o siarad. Doedd e byth yn stopio, ac ymddangosai yn llawn hyder. Y foment y gwelais i e'n cyffwrdd y bêl ar y cae am y tro cyntaf, sylweddolais fod ganddo bob rheswm i fod yn uchel ei gloch. Roedd yn ddewin ar y cae, gwir athrylith, ond yn barod i dorchi'i lewys hefyd. Doedd e ddim yn fawr yn gorfforol ond roedd yn gawr o ran ei allu. Byddai'n gwneud ffyliaid o'r gwrthwynebwyr. Ffliciai'r bêl dros ben un ac wedyn tapio'r bêl drwy goesau y nesaf. Cyflawnai driciau yn ystod gêm na fuaswn i'n ddigon hyderus i hyd yn oed drio mewn gêm pêl-droed gyfrifiadurol. Tan hynny nid oeddwn wedi chwarae yn erbyn rhywun ro'n i'n ystyried ei fod ar lefel uwch na mi. Fe oedd y chwaraewr ieuenctid gorau i mi chwarae ag e, ac fe'i henwyd fel chwaraewr y gystadleuaeth wrth i ni ennill y tlws. Parhaodd y siwrne i mi hefyd wedi i mi dderbyn gwahoddiad i gynrychioli prif dîm dan 14 y clwb, a hynny yn un o gystadlaethau ieuenctid mwyaf Ewrop.

Wyddwn i ddim beth i ddisgwyl pan laniodd yr awyren ym maes awyr cenedlaethol Belfast. Ers 1983 mae'r Milk Cup wedi cael ei gynnal yng Ngogledd Iwerddon yn flynyddol, gyda chystadlaethau i dimoedd dan 14 a 16 mlwydd oed. Gwnes dipyn o ymchwil cyn gadael a gwelais fod sawl enw adnabyddus ym myd pêl-droed wedi ymddangos yn y gystadleuaeth dros y blynyddoedd. Chwaraewyr fel Steve McManaman o Lerpwl, Michael Carrick oedd yn nhîm ieuenctid West Ham, a Damien Duff o Blackburn Rovers. Enillodd Manchester United y gystadleuaeth dan 16 yn 1991 gyda thîm a oedd yn cynnwys Gary Neville a David Beckham. Doedd Manchester United ddim wedi ennill y gystadleuaeth dan 14, ond yr agosaf a ddaethant oedd colli yn y gêm derfynol ddwy flynedd cyn hynny yn erbyn Middlesbrough. Felly roedd y gystadleuaeth yn 1996 yn gyfle i fynd gam ymhellach.

Mae Gogledd Iwerddon wedi mwynhau cysylltiad cryf gyda Manchester dros y blynyddoedd, gyda sawl chwaraewr o'r wlad wedi serennu iddyn nhw, gan gynnwys chwaraewr gorau Manchester United erioed efallai, George Best. Gallaf ddychmygu sut groeso gafodd Best yn ei famwlad oherwydd o'r funud y cyrhaeddon ni heidiodd y cyhoedd o'n cwmpas. Do'n i ddim yn sylweddoli fod y clwb mor boblogaidd yn y wlad. Roedd y meysydd chwarae yn orlawn gyda thorfeydd yn sgrechen am ein sylw. Teimlwn fel seren am y tro cyntaf yn fy mywyd, ond er 'mod i wedi gwneud fy ymchwil i'r gystadleuaeth cyn cyrraedd, do'n i ddim wedi gwneud fy ngwaith cartref i gyd.

Pan ofynnodd y cefnogwr cyntaf am fy llofnod, wyddwn i ddim beth i'w wneud. Doedd dim modd gofyn am gyngor gan fy nghyd-chwaraewyr oherwydd roedd pob un ohonom wedi ein hamgylchynu gan lu o gefnogwyr brwd yn chwifio eu llyfrau llofnodion. Mewn panig, ysgrifennais fy enw mewn priflythrennau fel petawn i'n llenwi ffurflen banc, dim y llofnod ffansi yr oedd yn ei ddisgwyl! Dwi'n cofio'r cefnogwr yn cerdded i ffwrdd mewn penbleth, fel petawn wedi sgriblo graffiti dros ei lyfr newydd sbon.

Collon ni yn rownd y chwarteri ar giciau cosb i Motherwell o'r Alban. Dyma'r tîm gyrhaeddodd y rownd derfynol cyn colli yn erbyn West Ham, tîm gyda wyneb cyfarwydd yn ei arwain – Joe Cole yr athrylith, ac ef, unwaith yn rhagor, enillodd wobr chwaraewr y twrnament.

Rheolwr tîm cyntaf West Ham ar y pryd oedd Harry Redknapp. Yn ei hunangofiant yn 2013, datgelodd ymdrechion Syr Alex Ferguson i geisio arwyddo Cole. Danfonodd Syr Alex grys Man United iddo gyda COLE 10 wedi ei ysgrifennu ar y cefn, ynghyd â neges yn dweud, 'This is what your shirt will look like when you play for Manchester United.' Yn anffodus y si yn yr ystafell newid oedd bod West

Ham wedi mynd sawl cam ymhellach ac wedi prynu car i'w dad! Aeth e yn ei flaen i ennill bywoliaeth lwyddiannus gan chwarae dros 50 o weithiau i'w wlad a thros 500 o gemau i glybiau fel West Ham, Chelsea a Lerpwl. Er dwi'n dal yn meddwl iddo dangyflawni yn ei yrfa – roedd e mor dalentog â hynny.

Er y canlyniad siomedig yn y Milk Cup, cefais newyddion anhygoel ar lefel bersonol wrth i'r clwb ofyn i mi arwyddo cytundeb ieuenctid a fydda'n golygu teithio lan i Fanceinion (o'r diwedd) bob penwythnos i chware gemau ynghyd â threulio amser lan yno yn ystod gwyliau ysgol i ymarfer. Dathlais y newyddion gyda fy nheulu a oedd wedi fy nilyn i Ogledd Iwerddon. Ro'n i'n medru ymlacio ychydig o'r diwedd. Dyma gadarnhad fod y clwb yn meddwl o ddifri fod yna hanner siawns i mi lwyddo yno. Yr unig siom oedd na ddanfonodd Syr Alex grys ataf gyda JONES 5 ar y cefn!

Derbyniodd fy nheulu a mi wahoddiad i Fanceinion er mwyn arwyddo'r cytundeb a hynny ar fore gêm yn Old Trafford. Fe'n harweiniwyd drwy labyrinth o goridorau moethus yn y stadiwm gyda'r waliau wedi eu gorchuddio â lluniau o hen chwaraewyr a serennodd i'r clwb. Duncan Edwards, George Best, Denis Law a rhai o Gymru ro' i'n gobeithio eu hefelychu: Billy Meredith, Mark Hughes a Giggsy i enwi dim ond rhai ohonynt.

Theatre of Dreams oedd y llysenw roddodd un o gewri'r clwb, Syr Bobby Charlton ar y stadiwm. Roedd fy mreuddwyd i ar fin dechrau o ddifri. Yn ein tywys roedd Tony y sgowt, a Dave Bushell, swyddog datblygu ieuenctid y clwb. Dyma ddod i stop wrth ddrws anhysbys. Cnociodd Dave arno.

'Come in.' Roedd y llais yn un cyfarwydd. Agorwyd y drws a dyna ble roedd Syr Alex yn eistedd gyda gwên ar ei wyneb. Wrth ei ochr, sgleiniai'r Cwpan FA a thlws yr Uwch Gynghrair ond roedd fy sylw i ar y darn papur o'i flaen. Y cytundeb wedi ei baratoi ac yn barod i mi ei arwyddo.

'Welcome to Manchester United, son.'

Pennod 3

Y CAM NESAF ar fy siwrne oedd ceisio ennill ysgoloriaeth broffesiynol gyda'r clwb a fyddai'n golygu gadael cartref wedi gorffen arholiadau TGAU a symud i Fanceinion i fyw am gyfnod o dri thymor. Roedd y chwaraewyr yn y garfan oedd yn byw'n agos i'r ddinas eisoes yn elwa o fynychu sesiynau wythnosol yn yr academi. Sylweddolais fod rhaid ceisio cau'r bwlch ar y bois lleol drwy fanteisio ar bob cyfle i ddatblygu fy sgiliau ac i greu argraff ffafriol ar yr hyfforddwyr.

Teithiwn i Fanceinion bob penwythnos i chwarae gêm ar foreau dydd Sadwrn. Am flynyddoedd ro'n i wedi gwisgo'r crys fel cefnogwr, nawr ro'n i'n ei wisgo'n rheolaidd wrth eu cynrychioli. Rhoddodd fy mhrifathro yn yr ysgol uwchradd yn Glantaf ganiatâd i mi golli gwersi brynhawn Gwener i 'ngalluogi i ddal y trên. Ro'n i'n ddiolchgar iddo am wneud hynny. Do'n i ddim am deithio yn hwyr gyda'r nos a minnau yn chwarae fore drannoeth. Byddai Dad a fy mrawd (os oedd wedi deffro!) yn teithio lan ben bore Sadwrn i'm gwylio, cyn dychwelyd adref a finnau'n gwmni yng nghefn y car.

Treuliais gyfnodau hir o'm gwyliau ysgol lan ym Manceinion. Byddem yn ymarfer fel carfan gyda'r nos ac â'r ysgolorion llawn amser yn ystod y dydd. Roedd disgwyl i rywun ddangos ei ymrwymiad i'r clwb ar bob achlysur posib, felly golygai hyn aberthu profiadau plentyndod fel tripiau cyfnewid i Ffrainc a'r Almaen gyda fy ffrindiau ysgol. Ro'n i'n ymwybodol fod y clwb yn gwerthuso fy ymddygiad a'm hagwedd oddi ar y cae hefyd. Culhau oedd fy mhersbectif o'r byd – roedd pêl-droed bellach yn rheoli.

Arhosai'r criw o chwaraewyr oedd yn byw tu fas i Fanceinion mewn gwesty yng nghanol y ddinas. Yn aml byddai gŵr o'r enw Hugh Roberts yn ein gwarchod. Fe oedd sgowt y clwb yng Ngogledd Cymru. Hoffai ddisgyblaeth a threfn a gallai fod yn hynod o lym gyda rhai o'r bechgyn. Rhoddodd fwy o slac i mi oherwydd mod i'n Gymro ac am fod y ddau ohonom yn medru siarad Cymraeg. Roedd Hugh yn adnabyddus yn y byd pêl-droed fel y sgowt a sbotiodd Mark 'Sparky' Hughes yn chwarae yn ardal Wrecsam yn fachgen. Yn ystod ei yrfa sgoriodd Hughes dros gant o goliau i United dros ddau gyfnod gwahanol gyda'r clwb.

Doedd Hugh ddim yn brolio am ddarganfod Hughes ond roedd yn amlwg yn falch ohono oherwydd siaradai am 'Sparky' yn ddi-baid. Byddai'r bechgyn yn aml yn tynnu ei goes gan ofyn cwestiynau twp iddo:

'What did Mark like to have in his sandwich?'

'What time did Mark like to set his alarm in the morning?'

Atebai Hugh o ddifri bob tro. Hawdd oedd ei ddrysu ond roedd pawb yn ei barchu.

Gadawodd Mark Hughes United am yr ail waith yn haf 1995 gyda dau adnabyddus arall, Paul Ince ac Andrei Kanchelskis yn ei ddilyn. Penderfynodd Syr Alex taw'r ateb fyddai rhoi cyfle cyson yn y tîm cyntaf i chwaraewyr ifanc fel David Beckham, Nicky Butt, Paul Scholes a'r brodyr Neville, Gary a Phil. Roedd Ryan Giggs, oedd yn un ar hugain oed ar y pryd, eisoes wedi sefydlu ei hun fel un o brif chwaraewyr y tîm. Roedd y chwech ohonynt wedi dod

33

drwy system ieuenctid y clwb, ond collodd y tîm gêm cyntaf
y tymor o 3-1 yn erbyn Aston Villa.

'You don't win anything with kids.'

Dyna oedd ymateb bythgofiadwy cyn-amddiffynnwr
Lerpwl, Alan Hansen, i'r canlyniad ond tanamcangyfrifodd
allu'r chwaraewyr ifanc. Llwyddon nhw i gipio'r dwbl y
tymor hwnnw, drwy ennill y Cwpan FA a'r gynghrair, gyda'r
chwech yn chwarae rhan allweddol yn y llwyddiant.

Hyfforddwr y tîm ieuenctid ar y pryd oedd Eric Harrison.
Fe'i hapwyntiwyd gan gyn-reolwr y clwb, Ron Atkinson, yn
1981 a'i ddylanwad ef oedd yn gyfrifol am ddyrchafiad y
chwaraewyr ifanc hyn i'r tîm cyntaf. Ehangodd Syr Alex
rwydwaith sgowtio'r clwb pan gymerodd yr awenau fel
rheolwr yn 1986. Roedd yn awyddus i ddatblygu chwaraewyr
ifanc o fewn y clwb yn hytrach na gorfod gwario arian
mawr ar chwaraewyr o'r tu fas. Cadwodd Eric yn ei swydd
gan ei fod yn ffyddiog taw ef oedd y dyn cywir i wthio'r
chwaraewyr o'r tîm ieuenctid i'r tîm cyntaf.

Roedd Eric yn eicon o fewn y clwb a gydag ef y byddwn yn
ymarfer yn ystod gwyliau'r ysgol. Roedd pawb yn ei barchu
ond hefyd yn ei ofni oherwydd roedd ei safonau mor uchel.
Bloeddiai ei orchmynion yn ei acen Ogledd Lloegr gref.
Hoffai weld y pethau syml yn cael eu cyflawni'n dda. Byddai
Hollywood passes yn ei wylltio. Ffafriai basio cywrain,
cyflym a chywir. Dim cymhlethu pethau. Byddai'n eich
atgoffa'n aml o'r rhinweddau oedd eu hangen i lwyddo yn
y clwb – gweithio'n galed, ymroddiad, y cymeriad a'r hyder
i ddangos talent ar bob achlysur. Ymhlith yr ysgolorion
llawn amser ar y pryd yr oedd yr amddiffynnwr talentog
o Loegr, Wes Brown, a'r ymosodwr o Ogledd Iwerddon,
David Healy. Roedd y ddau yn eu hail dymor llawn amser
gyda'r clwb ac felly roedden nhw ddwy flynedd yn hŷn na
mi. Flwyddyn yn hŷn na fi ac wedi symud i Fanceinion i fyw

roedd y Cymro o Landysul, Wayne Evans. Siaradai Gymraeg ac roedd yn chwaraewr canol cae dawnus. Tony Hopkins sbotiodd e hefyd. Derbyniodd lawer o gyhoeddusrwydd a sylw wrth dyfu lan gydag un papur newydd yn datgan taw e oedd y 'Ryan Giggs nesaf'. Wireddodd e mo'i holl botensial gan ddiflannu o'r gêm broffesiynol heb adael ei farc arni. Mae'r fath label yn gosod pwysau diangen ar ysgwyddau chwaraewyr ifanc.

Cofiaf Eric yn fy nghymeradwyo a'm canmol sawl gwaith. Ochr yn ochr â hyfforddwr yn bloeddio arnaf, roedd yna ochr arall hefyd – y trugaredd, y teyrngarwch, y teimlad fod rhywun wir yn credu ynoch. Roedd hyn yn hwb enfawr i grwt ysgol. O dan oruchwyliaeth Eric, roedd unrhyw beth yn bosib. Yn ogystal â Giggs, roedd sawl chwaraewr o Gymru wedi elwa o'i ddylanwad. Fe oedd hyfforddwr ieuenctid Mark Hughes a'r amddiffynnwr o Gastell-nedd Clayton Blackmore a chwaraeodd dros 200 o gemau i'r clwb. Llai adnabyddus oedd yr ymosodwr Deiniol Graham. Sgoriodd yn erbyn Queens Park Rangers yn 1989 ond yn anffodus torrodd ei fraich a olygodd wyth mis o'r gêm. Ymunodd gyda Barnsley yn 1991 wedi pedwar ymddangosiad i United. Roedd y chwaraewr canol cae Simon Davies ar ymylon y tîm cyntaf ar y pryd hefyd.

Efallai taw Old Trafford oedd y 'theatr' ond canolfan ymarfer y Cliff oedd calon y clwb. Roedd Man U wedi bod yn ymarfer yno ers y 30au gyda sêr fel Duncan Edwards, George Best a Denis Law wedi meithrin eu sgiliau yno. Disgwyliais weld canolfan ymarfer mawr crand mewn ardal foethus ac anghysbell o Fanceinion, ond lle bach digon cyffredin wedi ei amgylchynu gan stadau o dai yn Salford ydoedd. Roedd naws ac egni arbennig yn perthyn i'r Cliff. Byddai cefnogwyr yn cael dod i fewn a sefyll o fewn tafliad carreg i'w harwyr ar y cae ymarfer. Roedd yna deimlad teuluol cryf yn perthyn i'r clwb gyda nifer o bobl leol yn gweithio yn y ganolfan – y menywod yn y cantîn, y dynion cit, y bois diogelwch ar y gatiau. Doedd dim teimlad o hierarchaeth yn bodoli gyda chyfraniad pawb yn cael ei werthfawrogi – neb yn bwysicach na'r llall. Cymysgai'r tîm ieuenctid a'r tîm cyntaf gyda'i gilydd. Byddai rhywun yn bwyta brecwast gyferbyn â'r gôl-geidwad Peter Schmeichel un funud, ac yna yn ymarfer yn y gampfa wrth ymyl Roy Keane y funud nesaf. Roedd yn un o glybiau mwyaf y byd, ond o'r tu fewn teimlai fel clwb lleol.

Dechreuais gadw dyddiadur yn ystod y cyfnod a *Cantona Retires* oedd pennawd Mai yr 18fed, 1997. Daeth y newyddion fel sioc i'r byd pêl-droed wrth i'r ymosodwr o Ffrainc ymddeol yn 30 mlwydd oed a hynny wedi iddo arwain y clwb i'w pedwerydd teitl mewn pum mlynedd y tymor blaenorol. Gwelais Eric yn y cnawd sawl gwaith o gwmpas y Cliff, ond wnes i erioed dorri gair ag ef. Dydw i ddim yn rhywun sydd yn dueddol o fynd yn *star struck* wrth gwrdd â rhywun. Ond roedd Eric yn wahanol. Roedd natur urddasol ac elfen o ddirgelwch yn perthyn iddo. Pan gerddai i mewn i ystafell, byddai'n ei thawelu gyda'i swagyr a'i awra. Cafodd yrfa helbulus gan gynnwys y gic kung-fu ddwy flynedd ynghynt yn 1995 pan waharddwyd ef o'r gêm am naw mis am ymosod ar gefnogwr yn yr eisteddle. Does dim modd esgusodi'r fath ymddygiad, ond ro'n i'n parhau i'w edmygu. Datgelodd yn ddiweddar mai'r rheswm iddo ymddeol oedd oherwydd i'w angerdd at bêl-droed ddiflannu. Artist ydoedd ar y cae ond gyda'i baled yn wag fe benderfynodd ffarwelio â'r gêm yn gyfan gwbl, yn hytrach na pharhau i chwarae am yr arian.

Ymddangosais ar y teledu yn ystod yr un flwyddyn, a hynny wrth chwarae i dîm ysgolion Cymru yng nghystadleuaeth y Victory Shield a ddarlledwyd yn fyw ar Sky. Lloegr oedd y gwrthwynebwyr yn y gêm gyntaf. Chwaraewyd y gêm ar Barc Ninian yng Nghaerdydd. Dyma lle gwelais fy ngêm gyntaf flynyddoedd ynghynt, a nawr fy nhro i oedd hi i droedio ar y cae. Roedd y teulu cyfan yno yn fy nghefnogi, ynghyd â hanner y disgyblion o fy mlwyddyn ysgol. Gyda phymtheg munud ar y cloc, roeddem ar y blaen 2-1, cyn i Loegr unioni'r sgôr. Yna gyda phum munud i fynd dawnsiodd un o'u chwaraewyr canol cae trwy ein hamddiffyn gan daflu sawl *step over* ar y ffordd, cyn nythu'r bêl heibio'n gôl-geidwad i gornel pella'r rhwyd i ennill y gêm. Doedd dim modd dianc o grafangau Joe Cole a'i ddoniau syfrdanol.

Marc o wyth dderbyniais am fy mherfformiad y noson honno. Nid yn y papur lleol ond yn fy nyddiadur. Byddwn yn marcio fy hunan wedi pob gêm. Y nod oedd chwarae'r naw deg munud perffaith – tasg amhosib o'r dechrau. Byddai'r camgymeriadau yn chwyrlïo o gwmpas fy mhen am ddiwrnodau wedi gêm wael, gyda dim modd eu hangofio. Buaswn fel arfer yn teithio adref yn y car mewn distawrwydd llethol gyda Dad ar ôl gemau. Mae'n rhaid ei fod yn gallu synhwyro fy nhymer wrth fy ngwylio yn cerdded tuag at y car. Doedd Dad ddim yn un i werthuso fy mherfformiad a dwi'n ddiolchgar iddo am hynny. Synhwyrai efallai fod digon o hunan-farnu yn digwydd ym mhen ei blentyn ac nid oedd am ychwanegu at y boen.

Darllenais gyfweliad yn y *Guardian* gyda Jonny Wilkinson, cyn-chwaraewr rygbi Lloegr ac yno dywedodd fod yr obsesiwn i ennill yn ystod ei yrfa wedi bod yn uffern iddo. Enillodd Gwpan y Byd i'w wlad yn 2003 gyda'r gic adlam a drechodd Awstralia, ond ni wyliodd y gêm wedi hynny. Nid oedd am sbwylio'r atgofion melys, oherwydd gwyddai y byddai ei feddwl yn ffocysu ar y camgymeriadau yn hytrach na'r fuddugoliaeth. Gallwn uniaethu gyda fe. Ni wyliais y gêm yn erbyn Lloegr yn ôl yn ei chyfanrwydd.

Roeddwn eisoes yn pendroni am y pethau y gallwn fod wedi eu gwneud yn well. Mae bod yn berffeithydd yn nodwedd sydd yn rhinwedd i nifer o unigolion sydd yn anelu at y brig. Llinell denau sydd rhwng obsesiwn ac ymroddiad.

Nid dadansoddi ar y cae yn unig fyddwn i. Yr un oedd y drefn yn y dosbarth. Byddwn yn canolbwyntio ar y marciau a gollwyd mewn arholiad yn hytrach na'r rhai a enillwyd. Yn aml, eisiau curo fy ffrindiau ro'n i, yn hytrach na bodloni fy hun. Y cymhelliant yn deillio o'r ofn o fethu, yn hytrach nag o'r llawenydd o lwyddo. Ddaw rhyddid meddyliol fyth o agwedd felly.

Erfyniai Mam arnaf i fod yn fwy caredig â mi fy hun, ond y gwir oedd na wyddwn i ddim sut i wneud hynny ac allwn i chwaith ddim gweld beth oedd y broblem yn y lle cyntaf. Bellach roedd hi'n arferiad i gymharu fy hunan gydag eraill ac i hunan-farnu yn rheolaidd. Anaml y bydd pobl yn newid o dan gyfarwyddyd eraill – hyd yn oed dan law rhiant. Llawer mwy pwerus yw cyrraedd pwynt lle mae rhywun yn sylweddoli drosto'i hun fod angen newid. Do'n i ddim wedi cyrraedd y fan honno ar y pryd.

Ysgrifennwn yn Saesneg yn y dyddiadur. Teimlai yn haws i fod yn hunanfeirniadol yn yr iaith honno ac nid yn fy mamiaith. Roedd yna reswm arall hefyd, a dynodais hynny yn y cofnod ar gyfer Ionawr 12eg y flwyddyn honno:

> I write in English because when I'm famous someday nobody will be able to understand it in Welsh!

Mae sawl sôn am y gair *depressed* yn y dyddiadur, ond dydw i ddim yn credu mod i'n deall nerth y gair ar y pryd. Yn grwtyn pymtheg oed roedd gennyf ryw fath o ymwybyddiaeth o'r gair, ond heb wir ddealltwriaeth o effeithiau'r cyflwr pan na fydd rhywun yn rhannu pryderon. Roedd y newyddion i reolwr tîm Cymru, Gary Speed, gyflawni hunanladdiad yn

2001 yn ysgytwad i mi fel i weddill y byd pêl-droed. Yn ei llyfr *Gary Speed Unspoken* datgelodd ei wraig, Louise, gynnwys llythyr anfonodd Gary iddi pan oedd yn 17 mlwydd oed ac yn aprentis yn Leeds ar y pryd. Dyma ddyfyniad o'r llythyr hwnnw:

> I don't really know what to say. I have been thinking about finishing at Leeds. I've also been thinking of other things which I won't say. I'm so depressed. I'm just going to sleep now and hope I never wake up.

Roedd Gary yn ddylanwad ysbrydoledig fel chwaraewr ac fel rheolwr ar ei wlad, ond yn ôl yn 1997 doedd hi ddim yn gyfnod euraidd i bêl-droed rhyngwladol yng Nghymru. Bobby Gould oedd rheolwr y brif garfan mewn cyfnod aflwyddiannus i'r genedl. Y tymor hwnnw collodd Cymru 7-1 yn erbyn yr Iseldiroedd mewn gêm ragbrofol ar gyfer Cwpan y Byd. Dyma oedd un o ganlyniadau gwaetha'r wlad erioed.

Ni chafodd Speed ei ddewis i gynrychioli tîm ysgolion Cymru yn grwt. Aeddfedodd fel chwaraewr yn hwyrach yn ei arddegau. Ro'n i'n ffodus bod fy nhalent wedi blodeuo'n ifanc. Teimlwn falchder o gael bod yn rhan o garfan ysgolion fy ngwlad, ond do'n i ddim yn teimlo mod i'n dysgu rhyw lawer wrth chwarae iddynt. Awn i sesiynau ymarfer diflas yn y Drenewydd, gan orfod sefyll o gwmpas yn sythu, tra byddai'r hyfforddwyr yn trafod tactegau'n ddi-baid. Y cwbl oedd y bois eisiau 'neud oedd chwarae. Teimlai fel ein bod yn paratoi i beidio colli gêm yn hytrach na mynd i'w hennill. Ro'n i'n angerddol am gynrychioli Cymru, ond roedd yn brofiad rhwystredig hefyd. Does dim csgus dros ddiflasu chwaraewyr ar y cae ymarfer. Derbyniem gyfarwyddwyd gan y tîm rheoli i fwrw peli hir bob tro y pasiai chwaraewr arall y bêl yn ôl. Byddai'r hyfforddwr yn gwylltio pe bawn yn trio unrhyw beth gwahanol, hyd yn oed os oedd yna opsiwn gwell o 'mlaen. Rhaid cael siâp trefnus ar dîm, ond does dim diben chwarae fel robotiaid chwaith. Roedd y fath gyfyngiadau yn estron i mi. Yn Man U, roeddem yn cael ein hannog i ddal y bêl, i adeiladu'r chwarae ac yn cael rhyddid i fynegi ein hunain.

Bûm yn gymwys i gynrychioli tîm ysgolion Cymru am ddwy flynedd yn olynol. Yn yr ail dymor roedd gennyf obeithion i gael bod yn gapten parhaol ar fy ngwlad, wedi i mi arwain y tîm eisoes mewn gêm gyfeillgar yn erbyn yr Iseldiroedd ar ddiwedd y tymor cynt. Ro'n i'n paratoi i chwarae cystadleuaeth yn erbyn Gogledd Iwerddon a'r Alban ac yn ffyddiog ar ôl siarad gyda'r hyfforddwr taw fi fyddai'n arwain y tîm yn y ddwy gêm.

Wythnos cyn y gystadleuaeth gofynnais i gael fy esgusodi o wersi chwaraeon yr ysgol. Do'n i ddim am gymryd unrhyw siawns o gael fy anafu. Y bêl rygbi neu'r bêl gron oedd y ffocws bob amser egwyl ymysg fy ffrindiau. Chwaraeais bob math o chwaraeon yn Ysgol Glantaf. Ro'n i'n ganolwr ar y cwrt pêl-fasged, agorais y bowlio yn y criced, ro'n i'n bencampwr y sir yn yr 800m, bûm yn ganolwr ac yn gapten y tîm rygbi am gyfnod. Ysgol a ffafriai rygbi yn hytrach na phêl-droed oedd Glantaf ar y pryd. Roedd gennym gefnwyr talentog yn ein blwyddyn ni, gyda thri ohonynt yn cael eu dewis i gynrychioli tîm cyntaf ysgolion rygbi Cymru, ac un arall yn yr ail dîm. Roedd hyn yn llwyddiant anhygoel i'r ysgol. Maswr y tîm oedd Nicky Robinson, a aeth yn ei flaen i feithrin gyrfa lwyddiannus yn y gêm, gan ennill 13 cap dros ei wlad.

Ro'n i'n gwneud gormod o chwaraeon felly penderfynais roi'r gorau i bopeth ar wahân i'r pêl-droed, a hynny cyn y treialon ar gyfer ysgolion rygbi Cymru. Roedd gen i siawns dda o ennill cap, yn enwedig o ystyried fod pedwar o saith o gefnwyr tîm yr ysgol wedi mwynhau anrhydeddau rhyngwladol. Hoffwn chwarae rygbi yn fawr, ond roedd apêl y bêl gron yn ddyfnach ynof. Doedd y penderfyniad i roi'r gorau i bopeth ddim yn un poblogaidd yn yr ysgol, gan fy mod yn rhan o gymaint o dimau gwahanol. Erbyn canol dydd Gwener roedd rhwystredigaeth wythnos o wylio'r bois yn mwynhau gemau pêl-droed bob amser egwyl yn ormod. Penderfynais ymuno am bum munud o *five a side* cyn i'r gloch ganu. Roedd y bêl wrth fy nhraed pan neidiodd un o'r bois tuag ataf, gyda'i ddwy droed bant o'r ddaear gan fy anafu yn bwrpasol. Cwympes i'r llawr gan afael yn fy mhen-glin chwith. Do'n i ddim wedi cael anaf difrifol o'r blaen, ond sylweddolais yn syth mod i wedi cael mwy na chnoc. Cliciodd y ben-glin wrth i mi godi ar fy nhraed a hercian tuag at yr ysgol. Dechreuais grio – nid oherwydd y boen ond oherwydd mod i'n gwybod fod y gapteniaeth wedi diflannu. Rhwyg yn y *medial ligament* oedd yr anaf. Golygai hyn gyfnod o wyth i ddeg wythnos o'r gêm, ond yn lwcus doedd dim angen llawdriniaeth arnaf.

Ro'n i'n grac gyda fi fy hun am beidio dangos mwy o ddisgyblaeth, ond hefyd wedi digalonni gyda fy 'ffrind'. Roedd yna densiwn rhyngom am weddill fy amser yn yr ysgol. Clywais ei fod wedi brolio am fy anafu. Do'n i ddim am ddial am beth 'nath e. Fe oedd wythwr y tîm rygbi, felly roedd yn foi mawr a chryf. Base fe wedi rhoi crasfa i fi mewn ffeit. Rhaid taw cenfigen a achosodd iddo neidio arna i, doedd dim esboniad arall dros y peth. Ni ymddiheurodd, ond maddeuais iddo er gwaethaf hynny. Byddai dal dig yn fy nhal yn ôl yn y pen draw ac yn fy rhwystro rhag symud ymlaen.

Rhoddodd y bachgen hwnnw ddiwedd arno ei hun yn ei ugeiniau. Efallai taw fe oedd y bachgen cryfaf yn gorfforol yn y flwyddyn, ond mae'n rhaid ei fod wedi dioddef yn fewnol wrth dyfu i fyny. Dyna un rheswm pam nad ydw i'n edrych ar bethau yn ddu a gwyn erbyn hyn. Mae pawb yn gwisgo mwgwd mewn rhyw ffordd neu'i gilydd.

Pennod 4

FEL ARFER BYDDAI'R bechgyn i gyd yn clebran, ond roedd y bws mini yn ddistaw wrth i ni adael giatiau'r Cliff bob bore. Roedd angen cadw pob mymryn o'n hegni ar gyfer y prawf oedd o'n blaenau. Pen y daith oedd parc lleol ar gyfer sesiynau traws gwlad. Gadawyd yr esgidiau pêl-droed yn y *boot room* – ein *trainers* oedd yr oll oedd angen arnom. Bu'r peli'n segur yn y bagiau, prin y gwelsom nhw am y pythefnos cyntaf. Doedd yr un o'r chwaraewyr am ddangos eu gwendidau, ond doedd dim modd cuddio. Byddai rhai o'r chwaraewyr yn chwydu cyn i ni hyd yn oed gyrraedd yr allt, sef stribyn serth o laswellt oedd wedi cael ei dorri'n arbennig ar ein cyfer. Ymdopais yn weddol gyda'r traws gwlad. Ro'n i'n eithaf ffit yn naturiol ac wedi elwa o'r holl rasys 800m yn yr ysgol. Do'n i ddim cystal ar y *hill sprints* chwe deg metr, ond nid fi oedd yr unig un. Yn chwedloniaeth Groeg, mae Sisyffos yn cael ei gosbi gan y duwiau am fod yn dwyllodrus drwy orfod rowlio clogfaen lan yr allt cyn ei adael i rowlio'n ôl i'r gwaelod – gan ailadrodd y weithred hyd byth. Teimlwn innau fel Sisyffos oherwydd byddai'r hyfforddwyr yn ein danfon i dop yr allt dro ar ôl tro, heb ddatgelu faint o weithiau fyddai disgwyl i ni ei wneud eto. Doedd dim modd eu twyllo oherwydd fod pob rhediad yn cael ei amseru. Roedd arafu gormod yn golygu gorfod mentro lan unwaith yn rhagor. Teimlai fel cosb a phawb mewn poen.

'Arian yn y banc' oedd hoff ddywediad un o'r hyfforddwyr wedi i ni orffen. Ynghyd â'r gallu gyda'r bêl, ymfalchïai Man United yn lefelau ffitrwydd eu chwaraewyr, felly roedd angen cynyddu ein stamina ar gyfer y tymor i ddod. Term arall oedd yn boblogaidd ymysg yr hyfforddwyr oedd 'you have to earn the right to play'. Roedd rhaid ennill y frwydr gorfforol ar y cae yn gyntaf. Byddai'r prynhawniau yn cynnwys sesiynau codi pwysau er mwyn cryfhau a chaledu'r corff, ynghyd â mwy o redeg ar y caeau pêl-droed, gan gynnwys y *twelve minuter*, a olygai redeg mor bell â phosib am ddeuddeg munud. Doedd fy nghorff ddim wedi arfer gyda chymaint o ymarfer mewn cyn lleied o amser. Unwaith neu ddwywaith yr wythnos y byddwn yn ymarfer gydag ysgolion Caerdydd. Nawr ro'n i'n wynebu sesiynau dwbl yn ddyddiol. Byddai'r cyhyrau yn mynd yn fwy stiff wedi pob sesiwn, ond parhau i gynyddu fyddai dwyster yr hyfforddi.

Derbyniodd tri ar ddeg ohonom ysgoloriaeth y tymor hwnnw. Yn y garfan roedd cymysgedd o fechgyn lleol, a bechgyn o bob cwr o Brydain a Gweriniaeth Iwerddon. Yr unig chwaraewr ddaeth o dramor oedd Bojan Djiordjic, a symudodd draw o Sweden yn ystod ein hail dymor yn y clwb. Mae academïau bellach yn llawn bechgyn o bedwar ban y byd. Teimlais nad oedd gan neb yn fy mlwyddyn i y sicrwydd i feithrin gyrfa gyda'r clwb. Y gwirionedd oedd taw dim ond un neu ddau ohonom fyddai'n llwyddo i feithrin gyrfa ar unrhyw lefel yn y gêm broffesiynol. Fyddai neb fyth yn trafod hynny.

Cawsom asesiad meddygol cyn arwyddo er mwyn tsiecio bod ein cyrff yn ddigon iach i ymdopi gyda'r straen o fywyd fel pêl-droediwr llawn amser. Fe'n cynghorwyd ynglŷn â'n diet, gyda braster y corff yn cael ei fesur yn wythnosol. Rhoddodd doctor y clwb restr i ni o'r sylweddau gwaharddedig. Mesurwyd ein *peripheral vision* hyd yn oed. Synnais nad oedd mwy o bwyslais yn cael ei roi ar yr elfen seicolegol. Mae amgylchedd elît yn un ffyrnig o gystadleuol, ac yn aml y gwahaniaeth rhwng llwyddo a methu yw stad feddyliol chwaraewr. Gall rhywun fod yn dalentog ac yn ffit yn gorfforol, ond os na feistrolir y meddwl, gall amharu'n gyson ar berfformiad, ac yn bwysicach, ar iechyd. Mae modd mesur cynnydd mewn lefelau ffitrwydd, ond caletach yw mesur cynnydd straen seicolegol ac roedd gennyf bryderon personol yn y maes hwn ar y pryd.

Fyddwn i fyth wedi gwrthod yr ysgoloriaeth, ond eto mae gadael cartref yn benderfyniad mawr i fachgen 16 mlwydd oed. Roedd criw agos o ffrindiau gen i, a mwynhawn fywyd ysgol. Ond do'n i ddim yn teimlo y gallwn drafod gyda ffrindiau. Gwyddwn taw chwarae pêl-droed yn broffesiynol oedd y freuddwyd i nifer ohonynt, fel miloedd o fechgyn eraill.

Yn ystod fy arholiad TGAU Iaith Saesneg ysgrifennais fonolog pum tudalen yn ymwneud â theimladau bachgen oedd yn sownd o dan rwbel wedi i ddaeargryn daro ei ddinas. Dwi'n meddwl ei fod yn drosiad o'r unigrwydd a deimlwn ar y pryd ac o deimlo fel carcharor o fewn fy mhen. Y bwriad oedd y byddai'r bachgen yn cael ei achub ar ddiwedd y stori ond rhedais allan o amser a gorchymynnwyd fi i roi'r gorau i ysgrifennu. Gwelodd y bachgen y goleuni yn dechrau disgleirio trwy'r bylchau cyn i'r papurau gael eu casglu o'r ddeog.

Wedi gorffen arholiadau TGAU, penderfynodd criw ohonom ddathlu drwy rentu tŷ am wythnos yn Ninbych-y-pysgod. Edrych ymlaen at ddechrau astudiaethau lefel A oedd fy ffrindiau, tra byddwn i yn ffarwelio gyda nifer ohonynt wedi i'r wythnos ddod i ben. Ro'n i'n aflonydd drwy gydol yr wythnos. Ar y noson olaf es i ac un o'r bois lawr i'r traeth. Es ati i ddringo'r clogwyn. Dim ond cwpl o droedfeddi uwch y tywod cyn llithro i lawr ac yna dechrau dringo unwaith eto. Pallodd yr esgidiau *slip-on* i afael ar y graig. Do'n i ddim yn feddw, ond roedd yna bwrpas. Ges i deimlad sydyn i ddiweddu'r cwbl.

'Please stop mate, enough is enough, you are getting me worried now,' plediodd fy ffrind. Saethodd y geiriau trwy'r baw yn fy mhen. 'Nid lladd dy hun wyt am 'neud' – rhoi stop ar y meddyliau didrugaredd oedd y nod.

Perodd y digwyddiad ar y traeth yn Ninbych-y-pysgod ofid i mi. Ro'n i'n llawn cyffro i gael y cyfle i wireddu breuddwyd oes, felly allwn i ddim gwneud synnwyr o'r meddyliau tywyll dreiddiodd i'm pen y noson honno. Credais fod hel y fath feddyliau yn arwydd o ryw wendid dwfn ynof. Do'n i ddim am drwblu fy rhieni a finnau ar fin eu gadael. Doedd y clwb ddim yn cynnig cymorth seicolegol chwaith, felly arhosais yn dawel. Nid barnu Man U ydw i; doedd iechyd meddwl ddim yn denu'r un sylw ag y mae heddiw. Dwi'n sicr petawn i wedi sôn wrthyn nhw y byddai'r clwb wedi ymateb, ond ro'n i'n grwtyn un ar bymtheg oed oedd yn dal i aeddfedu ac yn ceisio dod i ddeall fy hun. Gan nad oedd cymorth seicolegol yn rhan o ddarpariaeth arferol y clwb, credwn fod disgwyl i chwaraewyr ymdopi ar eu pennau eu hunain – waeth beth oedd yr amgylchiadau.

Hyfforddwr y tîm dan 17 oedd gŵr o'r enw Neil Bailey. Roedd yn gyn-chwaraewr proffesiynol yn y cynghreiriau is ac roedd ganddo gysylltiad â Chymru, gan iddo chwarae dros gant o gemau i Gasnewydd rhwng 1978 a 1983. Roedd wedi bod ynghlwm â Man U am gwpl o dymhorau. Collai ei dymer yn hawdd, a bloeddiai ar y chwaraewyr yn aml. Sgil mawr i hyfforddwr yw synhwyro sut i gael y gorau o gymysgedd o chwaraewyr gyda phersonoliaethau gwahanol. Byddai gweiddi ar rai chwaraewyr yn llwyddo i gael ymateb positif arnynt, ond weithiodd hynny erioed arna' i. Mae derbyn bolycing fel tîm os nad ydych yn perfformio yn rhan annatod o'r gêm, ond ar lefel unigol, ymatebwn a dysgwn yn well dan hyfforddwr fyddai'n esbonio pethau'n bwyllog. Roedd digon o hunan-farnu yn digwydd yn fy mhen wedi i mi wneud camgymeriad, heb i'r hyfforddwr ychwanegu at y twrw. Taflodd Neil sawl cwpan o sgwash o gwmpas yr ystafell newid, gan gicio ambell i fwced hefyd. Efallai taw teimlo o dan bwysau ydoedd, gyda'r gŵr a fu'n gyfrifol am drawsnewid y system ieuenctid yn penderfynu ymddeol o'i rôl llawn amser gyda'r clwb, a hynny wedi bron i ugain mlynedd o wasanaeth i Man United. Ad-dalodd Eric Harrison y ffydd ddangosodd Syr Alex ynddo yr holl flynyddoedd ynghynt gyda stori'r *Class of 92* – mae Beckham, Scholes, Giggs, Butt a'r brodyr Neville bellach yn rhan hanesyddol o bêl-droed ym Mhrydain.

Ro'n i'n siomedig i weld Eric yn gadael oherwydd ro'n i wedi edrych ymlaen i ddysgu mwy ganddo. Fe oedd hyfforddwr y tîm dan 19 ar y pryd. Cyn-chwaraewr rhyngwladol Cymru, David Williams, a ddaeth yn ei le. Roedd ganddo CV hyfforddi a rheoli disglair. Gadawodd ei swydd fel hyfforddwr ail dîm Leeds i ymuno ag United. Roedd eisoes wedi rheoli tîm cyntaf Bristol Rovers, ynghyd â threulio cyfnodau fel is-reolwr ar dimau cyntaf Norwich, Bournemouth ac Everton. Roedd hefyd wedi rheoli Cymru mewn un gêm, a hynny yn erbyn Iwgoslafia yn 1988, ond roedd ceisio efelychu Eric yn mynd i fod yn sialens aruthrol iddo.

Roedd y sialens o lwyddo ar y cae yn addo i fod yn galetach i mi hefyd. Arwyddodd y clwb amddiffynnwr ifanc addawol o Weriniaeth Iwerddon o'r enw John O'Shea, a chwaraeai yn yr un safle â mi. Serennodd wrth gynrychioli ei wlad pan enillon nhw Bencampwriaeth Ewrop dan 18 yn yr haf. Roedd flwyddyn yn hŷn na fi, felly chwarae i'r tîm dan 19 fyddai ef, tra ro'n innau yn chwarae i'r tîm dan 17. Y chwaraewr gorau yn fy mlwyddyn oedd ymosodwr o Birmingham o'r enw Jimmy Davis. Roedd yn gryf, yn gyflym ac yn hynod o ddireidus oddi ar y cae. Mae bantyr yn rhan hanfodol o unrhyw ystafell newid, gall leihau'r tensiwn ac ysgafnhau'r pwysau, ac roedd Jimmy yn ei chanol hi ar bob achlysur. Roedd yn *loveable rogue* go iawn. Byddai'n mynd ar fy nerfau ar y dechrau. Byddai'n diosg ei dop a dangos ei gorff *ripped* yn ddi-baid, doedd byth yn stopio clebran yn ei acen Brummie drom, ac ni chymerai unrhyw beth o ddifri. Tra byddwn i'n meddwl gormod, fyddai Jimmy yn meddwl am ddim byd. Edmygwn ei bersonoliaeth, roedd gwên barhaus ar ei wyneb, ac edrychai am yr hiwmor ymhob sefyllfa. Dechreuon glosio a threuliais sawl nos Sadwrn yn Birmingham gydag ef a'i deulu. Do'n i ddim yn rhy hoff o ddychwelyd i Gaerdydd yn aml ar y penwythnosau am ddau reswm. Prin oedd yr amser y gallwn gael yno cyn gorfod dychwelyd eto i Fainceinion ar y nos Sul, ac yn ail, byddai'r hiraeth am adref yn brathu'n ddyfnach wedi hynny.

Roedd y bechgyn lleol yn elwa o fedru dychwelyd at eu teuluoedd a'u ffrindiau wedi ymarfer, ond i wyth ohonom, y *digs* oedd ein cartref bellach. Roedd gan y clwb rwydwaith o bobl leol fyddai'n cynnig llety i chwaraewyr ifanc United. Tŷ teras gyda brics coch mewn ardal dlawd o Salford oedd fy nghartref i. Byddai'n fy atgoffa o'r tai a welid yn nheitlau agoriadol yr opera sebon *Coronation Street*. Yn edrych ar ein holau roedd gŵr a gwraig yn eu chwe degau o'r enw Rita a John. Doedd dim llawer o arian ganddynt, ond roedden nhw'n hynod o groesawgar. Roedd yn well gennyf fod mewn tŷ gyda theulu yn hytrach na mewn canolfan gyda gweddill y chwaraewyr oherwydd hoffwn y teimlad cartrefol, er taw aros yn y ystafell wely fyddwn i'r rhan fwyaf o'r amser. Rhannwn ystafell gydag un o'r bois eraill, Sais o'r enw Marek oedd yn dod o Nuneaton yng nghanolbarth Lloegr. Un o Wlad Pwyl oedd ei dad – a esboniai ei enw. Roedd Marek eisoes wedi cynrychioli tîm ysgolion Lloegr, ond nid oedd yn Sais i'r carn. Bachgen o Wlad Pwyl ydoedd yn fwyaf sydyn petai Cymru yn curo'r gelyn ar y cae rygbi. Hyd yn oed heddiw, byddwn yn dal i decstio ein gilydd yn tynnu coes ar fore gêm ryngwladol rhwng y ddwy wlad.

Rita goginiai ar ein cyfer a derbyniai gyfarwyddiadau llym gan ddietegydd y clwb ynglŷn â'r hyn i'n bwydo, ond torrai'r rheolau yn aml. Cefais flas ar y Manchester Tart, sef tarten yn llawn cwstard a jam mafon â darnau o gneuen coco ar y top. Dwi'n meddwl fod Rita am ein sbwylio oherwydd teimlai drueni drosom a ninnau ymhell o adref, neu efallai taw tacteg fwriadol i geisio difrodi gyrfaoedd Marek a finnau ydoedd, a hithau a'i gŵr yn gefnogwyr brwd o Manchester City! Ddaethon nhw erioed i'n gwylio a'n cefnogi! Roedd hi'n gysur i Mam wybod fod rhywun mamol fel Rita yn gofalu amdanaf. Wedi dweud hynny, ddysgodd hi fyth sut i ddweud fy enw yn gywir. Cywirais hi sawl gwaith, 'Roger' oeddwn i ddechrau, wedyn 'Rodney'. Setlais am 'Roderick" yn y diwedd.

Byddai Mam a Dad yn ceisio dod ata i yn aml i leihau'r unigrwydd. Yn y pen draw, penderfynodd Mam werthu ei chartref yng Nghaerdydd a phrynu tŷ llai yno, gan ryddhau arian i brynu tŷ bychan ym Manceinion. Rhannodd ei hamser rhwng y ddwy ddinas. Ro'n i'n ffodus ei bod mewn sefyllfa ariannol i fedru gwneud hynny. Rhoddai gyfle i mi ddianc o undonedd y *digs* pan ddeuai i Fanceinion. Byddwn yn teimlo'n euog fod Mam wedi aberthu ei ffordd o fyw ar fy nghyfer. Roedd rhaid i mi lwyddo wedi hynny i'w gwobrwyo.

Roedd bywyd yn y *digs* yn gallu bod yn ddiflas i fechgyn ifanc. Doedd dim modd dianc o'r ffaith taw'r unig reswm yr oeddwn yno oedd oherwydd y pêl-droed, felly roedd hi'n anodd switsio bant. Doedd hi ddim yn saff i gerdded o gwmpas yr ardal wedi iddi nosi. Es am wâc unwaith a dyma rhywun yn fy mygwth heb reswm. Roedd modd i ni fynd i'r sinema leol am ddim, felly yno fyddai bois y *digs* yn mynd yn rheolaidd. Doedd dim ots beth oedd y ffilm – roedd yn newid i'r olygfa o bedair wal y 'stafell wely. Doedd dim angen talu am drafnidiaeth oherwydd roedd gan y clwb gyfrif gyda'r cwmni tacsi lleol.

Byddwn yn mentro i ganol y ddinas yn achlysurol. Nosweithiau Mercher a disgo Brutus Gold's Love Train yng nghlwb nos Royales oedd yn boblogaidd ymysg y chwaraewyr ifanc. Dathlid caneuon o'r 70au yno, gyda 'cymeriadau' yn dawnsio ar y llwyfan yn eu *flares*, a steiliau gwallt o'r cyfnod. Byddem yn ceisio cadw'r trefniadau mor gudd â phosib. Do'n i ddim am i *Big Brother* ffeindio mas.

'Good night at Royales was it?' gofynnai'r hyfforddwyr fore trannoeth. Edrychai'r bois ar ein gilydd mewn penbleth. Y *twelve minuter* bellach yn gosb ar y gorwel yn y sesiwn ymarfer. Mae'n rhaid fod gan y clwb ysbiwyr yng nghanol y dre' oedd yn adrodd yn ôl i'r clwb petaen nhw'n sbotio chwaraewyr, ond yn aml roedd y bechgyn eu hunain yn ddi-ben. Yn feddw gelwid am dacsis ar gyfrif y clwb yn hwyr y nos. Wrth ffonio byddai angen rhoi enw pwy oedd yn archebu'r tacsi. Yn ddiweddarach galwyd ni i'r ystafell newid gan yr hyfforddwyr.

'Apparently, I was in Piccadilly Square at 3am this morning, not only that I was also getting a kebab on Oxford Street too.' Roedd rhai o'r bechgyn yn eu twpdra wedi rhoi enw'r hyfforddwr pan ffonion nhw yn yr oriau mân. Caewyd y cyfrif wedi hynny.

Ar un o'r nosweithiau hyn yn Royales cwrddais â'm cariad 'o ddifrif' gyntaf. Cariad 'o ddifri' i mi oedd rhywun a gâi gwrdd â Mam, a hi oedd y gyntaf i gael y fraint honno. Pan oeddem ar noson mas, byddai'r mwyafrif o'r bechgyn yn esgus taw plymars oedden nhw. Dwi'n meddwl taw ceisio osgoi cael eu cornelu gan ferched oedd yn edrych am y *glitz* a'r *glamour* oedden nhw. Bydden i ar y llaw arall yn ateb yn onest bob tro. Myfyrwraig leol oedd yn astudio Almaeneg a Ffrangeg oedd Charlotte. Buom gyda'n gilydd am bron i bum mlynedd, ond wrth edrych yn ôl dydw i ddim yn meddwl mod i wir yn ei charu. Roedd modd byw 'bywyd myfyriwr' yn ei chwmni, oherwydd trwyddi byddai modd dianc o Salford a darganfod ardaloedd o'r ddinas ble'r âi y myfyrwyr, fel Fallowfield a Didsbury. Roedd hi a'i theulu yn gefnogwyr Man United – efallai taw dyna oedd yr apêl iddi yn wreiddiol, yn hytrach na fi fel person.

Fel rhan o'r ysgoloriaeth, ro'n i'n gorfod gwneud elfen o addysg, felly am un diwrnod yr wythnos byddai'r bechgyn yn mynychu ysgol uwchradd leol. Doedd dim chweched dosbarth i gael yn yr ysgol, dim ond ni yn unig. 'Day off' fyddai'r bechgyn yn galw'r dyddiau ysgol, ond ro'n i'n awyddus i barhau fy addysg o ddifri. Felly astudiais i a chwpwl o'r bois eraill BTEC Busnes a Chyllid, tra roedd y gweddill yn astudio Leisure and Tourism. Roedd hi'n braf medru tanio'r ymennydd a rhoi saib i'r corff am ychydig.

Anghofiais am fy nghanlyniadau TGAU ar y diwrnod y cawsant eu rhyddhau. Ro'n i'n brysur yn ymarfer trwy'r dydd, felly Mam aeth i nôl y canlyniadau. Rhoddodd Dad fy ffôn symudol cyntaf i mi er mwyn cadw mewn cysylltiad ag adref, ond roedd hwn cyn dyfodiad *smartphones*. Dderbyniais i ddim y canlyniadau tan amser swper. Roedd

Mam wedi cynhyrfu oherwydd cefais ganlyniadau da, ond teimlwn fel bachgen ar y cyrion. Collais y wefr o agor yr amlen gyda fy ffrindiau. Mynd i ddathlu fydden nhw y noson honno, gwely cynnar oedd o 'mlaen i. Byddai'r chwaraewyr hŷn yn awchu i ddarganfod pwy oedd yr un 'brainy' yn y flwyddyn gyntaf. Roedd hi'n bosib cuddio hynny fel arfer, ond wedi i'r canlyniadau TGAU gael eu rhyddhau, ro'n i'n ymwybodol fod y label 'the brainy one' yn mynd i fod yn hongian o gwmpas fy ngwddf am weddill fy amser yn y clwb.

Mae'r llyfr *Forever Young* yn sôn am brofiadau'r asgellwr o Ogledd Iwerddon, Adrian Doherty, yn y clwb. Roedd yn rhan o'r un tîm ieuenctid â Ryan Giggs, ac yn ôl y llyfr, yr un mor dalentog. Roedd hefyd yn wahanol i'r stereoteip o bêldroedwyr *flashy*. Ffafriai fynd i fysgio yng nghanol y ddinas yn hytrach na mynd i Old Trafford i wylio'r gemau. Hoffai farddoniaeth ac athroniaeth a gwisgai ddillad ail law. Un dewr ydoedd a fynnai aros yn driw i bwy ydoedd. Byddwn i ar y llaw arall yn ei gweld hi'n haws i gydymffurfio a dilyn y dorf. Felly gwisgais y jîns Armani, darllenais y *Daily Star* yn yr ystafell newid ynghyd â gwrando ar y gerddoriaeth R&B ddiweddaraf. Does dim byd yn bod gyda'r pethau hyn, a do'n i ddim yn ystyried fy hun yn 'well' mewn unrhyw ffordd. Llawn mor druenus yw rhywun sydd yn darllen y *Telegraph* a gwrando ar gerddoriaeth glasurol er mwyn ceisio bod yn 'glyfar', ond sy'n dyheu yn y bôn am y papurau tabloid a cherddoriaeth bop. Yr hyn sy'n bwysig yw i fod yn driw i'r hunan.

Pennod 5

ROEDD YSTAFELL NEWID y tîm cyntaf wedi ei lleoli i lawr y coridor o'n hystafell ni. Byddai'n llawn bwrlwm fel arfer, ond tawel oedd hi yno yn ystod yr wythnosau cyntaf. Gan fod nifer o'r chwaraewyr yn cymeryd rhan yng Nghwpan y Byd '98 dros yr haf yn Ffrainc, rhoddwyd amser ychwanegol iddynt orffwys, cyn gorfod dychwelyd i'r clwb. Roedd y tymor cynt wedi bod yn un siomedig i United. Daethom yn ail yn y gynghrair tu ôl i Arsenal, colli yn y bumed rownd yn erbyn Barnsley yn y Cwpan FA ac fe'n trechwyd yng Nghwpan y Pencampwyr yn rownd y chwarteri gan Monaco. Arwydd o dîm da yw'r ffordd maent yn ymateb i fethiant, ac roedd United yn bendant o ymateb yn bositif a gwella pethau.

Roedd chwaraewyr anhygoel eisoes yn y garfan: Peter Schmeichel yn y gôl; Denis Irwin a Gary Neville yn yr amddiffyn; Beckham, Keane, Scholes a Giggs yng nghanol cae; ac Andy Cole, Ole Gunnar Solskjaer a Teddy Sheringham yn opsiynau yn yr ymosod. Penderfynodd Syr Alex fod angen cryfhau fwy fyth. Arwyddwyd yr asgellwr Jesper Blomqvist o glwb Parma yn yr Eidal ac ymunodd Dwight Yorke o Aston Villa. Ffurfiodd Yorke bartneriaeth ymosodol drydanol gydag Andy Cole y tymor hwnnw. Y prif ychwanegiad i'r garfan oedd yr amddiffynnwr o'r Iseldiroedd, Jaap Stam. Mwynhaodd Gwpan y Byd arbennig yn 1998 wrth i'w wlad gyrraedd y rownd gyn-derfynol cyn colli yn erbyn Brasil ar giciau cosb. Ymunodd Stam o glwb PSV Eindhoven ac fe gostiodd £10.6 miliwn – record byd am amddiffynnwr ar y pryd. Llenwodd y gwagle a adawyd gan Gary Pallister wedi iddo ymuno â Middlesbrough. Roedd yn awdurdodol, yn gryf yn yr awyr, yn gyffyrddus ar y bêl ac yn eithriadol o gyflym am ddyn mor fawr. Do'n i ddim wedi gweld amddiffynnwr canol cystal. Dominyddai'r ymosodwyr a geisiai ei drechu. Fel chwaraewyr ifanc byddai'n orfodol i ni fynychu pob gêm gartref er mwyn astudio'r chwaraewr oedd yn chwarae yn ein safleoedd ni. Dysgais gymaint wrth ei wylio ond fe'm hatgoffai i hefyd o fy ngwendidau fel chwaraewr. Do'n i ddim yn araf ond nid cyflymder oedd un o'm cryfderau. Ro'n i'n chwe throedfedd o daldra ond do'n i ddim wedi f'adeiladu mor solid ag oedd e. Ro'n i'n gryf yn yr awyr ac yn gyffyrddus ar y bêl ond fy mhrif gryfder oedd mod i'n gallu darllen y gêm yn dda. Golygai hyn fy mod yn medru synhwyro lle i osod fy hun ar y cae. Gallwn ragweld i le roedd y bêl yn mynd i gwympo, fyddai'n sicrhau fy mod yn y safle cywir. Dibynnwn ar fy ngreddf naturiol yn hytrach na chyflymder i osgoi perygl yn ystod gêm.

Dwi ddim yn ymwybodol os oedd rhaid i Jaap ganu cân i weddill yr ystafell newid fel rhan o'i groeso i'r clwb, ond i'r *first years* roedd yr *initiation* yn gysgod mawr ar y gorwel.

'Watch out for fun and games when the first team are back' rhybuddiodd yr ysgolorion yn yr ail flwyddyn, cyn chwerthin ymysg ei gilydd. Ddatgelwyd dim mwy na hynny.

Cefais flas o'r 'croeso' pan chwaraeais i'r tîm dan 14 yn y Milk Cup flynyddoedd ynghynt. Cafodd y tîm cyfan ei hebrwng i un o ystafelloedd gwely y tîm dan 16. Gorfodwyd i ni 'neud pob math o bethau i'w diddori. Fi oedd yr unig Gymro ar y daith, felly bu'n rhaid i mi esgus cael rhyw gyda dafad, heb anghofio ei chneifio cyn y weithred. Roedd amgylchedd pêl-droed a diwylliant 'ystafell newid' yn gallu bod yn un di-drugaredd i fechgyn ifanc. Aeddfedai chwaraewyr ar gyflymder gwahanol. Mae gennyf natur fewnblyg a sensitif ac ro'n i fymryn yn ddiniwed a naïf ar y pryd. Teimlwn yn annifyr ar lwyfan o'r fath.

Mae bantyr yn fodd i uno ystafell newid ond mae'n oddrychol. Gall rhywbeth sydd yn cael ei ystyried fel bantyr i un person achosi anesmwythder i rywun arall. Doedd yr ystafell newid ddim yn fan lle gellid dangos dy fod wedi cael dy frifo neu wedi dy bechu. Ro'n i'n lwcus oherwydd er y tueddiad ynof i fod yn galed arnaf fi fy hun, do'n i ddim yn cymryd fy hun o ddifri. Felly gallwn chwerthin am y peth petai chwaraewyr eraill yn dechrau gwneud hwyl ar fy mhen.

Roeddem yn rhannu ystafell newid gyda bechgyn yr ail flwyddyn ac roedd yna deimlad o 'that's how it is' neu 'it was the same for us' wrth iddyn nhw geisio cosbi bechgyn y flwyddyn gyntaf yn aml. Roedd hi'n anodd amddiffyn fy hun oherwydd pe byddai rhywun yn cega'n ôl yn ormodol neu os oedd yna wrthdaro, byddai'n rhaid wynebu *court case*. Byddai'r 'barnwr', sef un o fechgyn yr ail flwyddyn, yn penderfynu ar y gosb. Sbort ydoedd y rhan fwyaf o'r amser, efallai cawod oer neu orfod dawnsio, ond weithiau byddai'r gosb yn llymach. Byddai'r 'Bong', sef y chwaraewr a gyhuddid, yn gorfod gwisgo *blindfold* a sefyll yn stond yn yr ystafell, tra byddai rhai o'r bechgyn yn lapio peli lledr caled mewn tywelion a'i daro o bob cyfeiriad. Ro'n i'n ffodus oherwydd wnes i ddim derbyn y fath driniaeth, ond teimlwn yn annifyr am y peth. Bwlio oedd hyn i mi, nid bantyr. Dydw i ddim yn credu fod yr hyfforddwyr yn ymwybodol o'r hyn oedd yn digwydd ond newidiodd hynny un diwrnod. Digwyddiad rhwng dau chwaraewr o'r ail flwyddyn oedd yn gyfrifol am hynny. Ffraeodd y ddau yn ystod yr ymarfer y bore hwnnw ac roedd tensiwn yn dal i fod rhyngddynt wedi i ni ddychwelyd i'r ystafell newid. Y 'ddedfryd' oedd gwisgo'r menig paffio er mwyn setlo'r ddadl. Gwaethygodd y sefyllfa'n gyflym. Trawyd un o'r chwaraewyr ar ei geg a chafodd rwyg ar ei wefus gan ddod â'r ornest i ben. Doedd dim modd cuddio hyn rhag y ffisio, na Syr Alex, oedd yn gandryll. Dyna oedd yr achos llys olaf.

Yn y llyfr *Forever Young* datguddiodd rhai o'r cyn-brentisiaid ddigwyddiadau yn y clwb cyn i mi ymuno. Byddai chwaraewyr yn cael eu taflu i fewn i'r *tumble dryer*, cyn ei droi ymlaen. Derbyniodd rhai y *Kit*, sef amlinelliad o git pêl-droed ar eu cyrff mewn bŵt polish du. Soniodd Rita, y *landlady*, fod un o'r bechgyn oedd yn arfer aros gyda hi wedi dychwelyd adref yn ei ddagrau ar ôl derbyn y driniaeth honno. Roedd ei groen yn gig noeth wedi iddo ymdrechu yn ofer i gael gwared o'r polish o'i gorff. Dyma sylwadau rhai o gyn-prentisiaid y clwb am eu profiadau:

> I wouldn't say I was bullied, but I would try to avoid the dressing room. For the first year, they probably made my life hell.
>
> Les Potts

> It was a tough school. At Manchester United at the time, you just had to show the mental attitude and aptitude to get through it. I don't think I was mentally strong enough to survive in that environment.
>
> Jonathan Stanger

> It was a tough upbringing, dog eat dog, everyone vying for places, all trying to get up the ladder. You had to deal with the older ones. You had to become a man overnight. If you look at some of the lads in our age group, some of them crumbled a little bit. That was just what happened back then.
>
> Marcus Brameld

Roedd rhaid i'r ysgolorion wneud amrywiaeth o jobsys o gwmpas y Cliff, er enghraifft, glanhau'r ystafelloedd newid a phwmpio'r peli ar gyfer y sesiynau y diwrnod hwnnw. Rhannwyd y dyletswyddau rhwng y bechgyn. Byddai'r hyfforddwyr yn gwirio fod y swyddi wedi eu cyflawni'n safonol cyn rhoi caniatâd i fynd adref ar ddiwedd pob diwrnod. Y bwriad oedd cynyddu lefelau disgyblaeth y chwaraewyr. Fy swydd i oedd glanhau'r gampfa. Chwaraewr oedd yno yn aml yn gwneud *sit ups* oedd yr ymosodwr Teddy Sheringham. Ar lefel bersonol, fe oedd fy hoff chwaraewr o'r tîm cyntaf. Roedd yn ŵr bonheddig gydag amser i bawb. Fyddwn i erioed deimlo'n is-raddol yn ei gwmni. Hwn oedd ei ail dymor yn y clwb, wedi iddo arwyddo o Tottenham Hotspur i gymryd lle Eric Cantona y tymor cynt. Roedd yn broffesiynol iawn a doedd dim owns o fraster ar ei gorff, ond efallai taw cadw'n ffit ar gyfer ei anturiaethau oddi ar y cae a wnâi! Darllenwn yn aml am ei fywyd carwriaethol yn y papurau newydd. Doedd hi ddim yn syndod ei fod yn boblogaidd ymysg y menywod, oherwydd roedd ganddo wên fawr chwareus ac roedd yn *smooth* ei natur. Wrth edrych ar y lluniau, roedd hi'n amlwg ei fod yn hoffi menywod tipyn iau nag ef.

Un tro, ro'n i'n aros am dacsi tu fas i Old Trafford wedi noson elusennol yno. Gwelodd Teddy fi o bellter, ac fe ddaeth draw i siarad gyda fi. Doedd dim brys arno i adael chwaith. Byddai'r rhan fwyaf o chwaraewyr y tîm cyntaf naill ai wedi fy anwybyddu neu wedi codi llaw yn gyflym, cyn dianc. Ymhen ychydig cyrhaeddodd y tacsi a dyma ni'n ffarwelio gyda'n gilydd. Eisteddais yn y tacsi yn meddwl am shwt foi ffein oedd e, cyn i mi gofio, do'n i ddim ar ben fy hun y noson honno – roedd Charlotte fy nghariad gyda fi. Yn ei hugeiniau cynnar oedd hi, tra roedd Teddy yn ei dridegau. Efallai taw i gael golwg well arni y daeth draw ata' i yn y lle cyntaf! Ni ddangosodd unrhyw arwydd taw dyna oedd ei gymhelliant. O bosib taw ymarfer ydoedd ar gyfer yr yrfa fwynhaodd wedi i'r pêl-droed orffen, a hynny fel chwaraewr pocer proffesiynol llwyddiannus!

Yn ogystal â glanhau'r gampfa, ro'n i hefyd yn glanhau bŵts Giggs a Gary Neville. Rhaid oedd eu glanhau y peth cyntaf yn y bore cyn eu gadael yn drefnus yn ystafell newid y tîm cyntaf. Roeddwn fel cogydd yn danfon mas prydau bwyd, cyn aros i weld a ddeuai ymateb anffafriol gan y chwaraewyr. Byddai'r dyn cit yn dychwelyd parau o fŵts i'n hystafell newid, gan ddatgelu pa chwaraewr oedd eisiau eu hail-lanhau. Dychwelwyd bŵts Gary Nev sawl gwaith, ond doedd Giggs ddim mor ffyslyd, prin y byddai'n achwyn. Er hyn, byddai Neville yn tipio'n hael, tra cadwai Giggs ei waled ar gau. Yn hytrach byddai'n gadael ei 'hen' fŵts i mi gael eu cadw – hen yn golygu ei fod wedi eu gwisgo tua dwsin o weithiau. Gwisgwn nhw i ymarfer, ond teimlent yn anghyffyrddus ar fy nhraed. Doedd ei fŵts ffansi lliwgar a wisgai wrth garlamu lan a lawr yr asgell ddim yn siwtio *centre half* fel fi.

Ro'n i'n y gampfa yn rhoi'r pwysau i gadw un prynhawn, pan ddaeth yr alwad.

'All first years into the first team dressing room!' Roedd y tîm cyntaf i gyd wedi dychwelyd ac am ein croesawu. Atseiniai'r geiriau o gwmpas y ganolfan. Gan fod y Cilff yn fach, nid oedd yna unrhyw lefydd cuddio da yno. Corlannwyd y chwaraewyr i gyd cyn ein bugeilio at ystafell newid y tîm cyntaf. Agorwyd y drysau ac yno yn disgwyl i'n cyfarch roedd Beckham, Keane, Schmeichel a gweddill y gang. Roeddent wedi gosod un o'r gwelyau *massage* yng nghanol yr ystafell. Crynai'r bechgyn wrth lusgo'u traed drwy'r drws – hyd yn oed Jimmy a oedd wedi colli ei dafod.

'Welcome to fun and games, boys,' meddai'r cylch feistr oedd neb llai na Ryan Giggs. Fy nelwedd i ohono ar y pryd oedd person swil a thawel ac ychydig bach yn ddiflas i fod yn onest. Ffurfiwyd y farn hon ar sail ei gyfweliadau teledu. Roeddwn ar fin gweld yr ochr arall iddo.

'Show us your favourite sexual position,' gorchmynnodd i'r bachgen cyntaf. Dyna esbonio pam roedd y gwely *massage* wedi ei leoli yno.

'Do you think that Becks is beautiful?' gofynnodd i'r nesaf. Nodiodd hwnnw yn ufudd.

'Tell him exactly how beautiful he is then.' Mwmblodd cwpl o eiriau iddo, cyn cael ei adael yn rhydd.

Fesul un cyflwynodd y bechgyn eu hunain, cyn mynd ati i wynebu pob math o gwestiynau a thasgau. Dawnsiodd un, gorfodwyd un i ymarfer ei linellau *chat up* i fop glanhau. Ceisiodd un bachgen wrthsefyll a chega'n ôl. Parhaodd ei artaith ef yn hirach o ganlyniad. Y peth callaf i rywun wneud oedd ufuddhau a gobeithio y byddai'r prawf yn dod i ben yn fuan.

Roedd Giggs yn gyflym ac yn sych gyda'i hiwmor. Fe oedd y person olaf y disgwyliwn i arwain, ond roedd yn gyffyrddus yn ei rôl. Ei gyd-feistr yn y cylch oedd yr amddiffynnwr David May, ond ei *sidekick* o amgylch y clwb oedd y chwaraewr canol cae, Nicky Butt. Roedd y ddau wedi dod trwy'r system ieuenctid gyda'i gilydd a byddai rhywun yn eu gweld gyda'i gilydd o gwmpas y lle'n aml. Rhuthrodd Giggs i fewn i'r ffreutur un dydd, gyda golwg ddifrifol ar ei wyneb.

'Quick, Quick! Butty has fallen over.' Neidiodd y ffisios ar eu traed a'i ddilyn ar frys, gan adael eu platiau bwyd yn yr unfan. Roedd drws y ffreutur gyferbyn â'u hystafell nhw. Clywais y chwerthin cyn gweld yr olygfa, wrth i mi fynd ar eu holau. Gorweddai Butt yn swp ar un o'r gwelyau, gan ebychu'n uchel. Roedd Giggs wedi ei lapio o'i ben i'w draed mewn *bandages* ac wedi ei orchuddio gyda saws coch.

Fi oedd un o'r bechgyn olaf i'w wynebu yn y seremoni groesawu. Do'n i ddim yn becso'n ormodol. 'Bydd yn ymwybodol fy mod yn Gymro wedi i mi gyflwyno fy hun, ac yn fy sbario,' meddyliais. Rhodri oedd enw ei frawd hefyd, felly byddai'n sicr o fod yn dyner gyda mi. Ond do'n i ddim yn sylweddoli ar y pryd perthynas mor drafferthus oedd gan y ddau ar hyd y blynyddoedd, ddiweddodd gyda Ryan yn cael ei gyhuddo o gysgu gyda gwraig Rhodri yn 2011. Cwestiwn cyntaf Giggs oedd –

'How many girls have you shagged?' *Virgin* o'n i ar y pryd.

'Umm, uummm three', a chlywais chwerthin. Tydw i erioed wedi bod yn un da am ddweud celwydd.

'Show us your favourite dance moves.' Baglais o gwmpas yr ystafell.

'What's Chappys' hand doing?' Allwn i ddim atal fy nwylo rhag crynu ac roedd May wedi sylwi. Derbyniais y llysenw oherwydd y credai fy mod yn edrych fel cyn-ymosodwr Sheffield Wednesday a Leeds, Lee Chapman.

'What are you nervous about?' ychwanegodd Giggsy. Roedd fy ngheg yn sych.

'Take a sip of squash.' O'r diwedd roedd Giggs yn gleniach â mi meddyliais wrth i mi gymryd llymed.

'Now stand on the massage bed and tell us a joke, but you also have to hold your arm out straight with the squash filled to the rim of the cup, and if you spill it three times there will be a forfeit.' O diar. Tydw i ddim yn un da am ddweud jôcs, dydyn nhw ddim yn llifo o fy ngheg yn llyfn. Sarnais ychydig o'r diod cyn hyd yn oed gorffen y frawddeg gyntaf.

'Ooooooohhh!' oedd sylwebaeth yr ystafell. Dechreuais

gyflymu'r jôc, tywalltais chwaneg o'r diod. Llwyddais i gyrraedd y *punchline* ond mi wnes i gawlach ohoni, ond yn bwysicach, arllwysais fwy o ddiod ar y llawr. Fy nghosb oedd i ddal y gwpan blastig yn fy ngheg, a neidio i ffwrdd o'r gwely gan gadw fy llygaid yn agored. Treuliais weddill y seremoni yn rwbio'r sudd o'm llygaid.

Bu raid dychwelyd i'r ystafell newid i'w diddori gyda sesiwn Nadoligaidd o 'fun and games' hefyd. Gorfodwyd ni i chwarae gêm o *musical chairs*. Roedd y gosb am golli'r gêm yn dwp, ond bwriad chwaraewyr y tîm cyntaf oedd gwneud i chi deimlo embaras. Gorfodwyd un bachgen i esgus ei fod yn bum mlwydd oed a'i fod newydd ddeffro ar fore 'Dolig. Roedd rhaid iddo esgus taw'r ystafell newid oedd ei lolfa wrth iddo ddod i fewn trwy'r drysau. Nid gwely ond 'coeden Nadolig' oedd yng nghanol y 'stafell. Ar y llawr oddi tano roedd yna 'anrheg' iddo. Sglefrfwrdd newydd sbon. Roedd rhaid iddo ddangos pa mor gyffrous ydoedd wrth rwygo'r papur lapio i ffwrdd, cyn sgrialu o gwmpas yr ystafell a dangos rhai o'i driciau.

Roedd gôl-geidwad ar dreial gyda ni ar y pryd. Yn arferol byddai chwaraewyr ar dreial yn cael eu hesgusodi, ond synhwyrwyd fod y bachgen ychydig yn *cocky* felly gorfodwyd iddo gymryd rhan. Ei gosb ef oedd canu carol i'r gôl-geidwad, Peter Schmeichel. Roedd Peter yn gawr ar y cae, ac yn frawychus oddi arno hefyd. Byddwn yn aml yn clywed ei lais dwfn yn bloeddio o gwmpas y lle, yn cwyno am hyn neu'r llall. Y brodyr Neville oedd y prif rheswm am ei gwynion gan amlaf. Byddai trwyn Schmeichel yn cochi pan fyddai yn grac, ond hefyd cochai ar y cae yn y tywydd oer. Penderfynodd y gôl-geidwad ifanc ganu 'Rudolph the Red Nosed Reindeer' iddo gan bwyntio at drwyn Peter wrth ganu. Gwylltiodd Peter, gyda gweddill y tîm cyntaf yn trio ei dawelu. Ni chynigwyd cytundeb i'r gôl-geidwad ifanc.

Roedd 'fun and games' yn ffordd hwylus i chwaraewyr y tîm cyntaf ddod i'n hadnabod ac i'n croesawu i 'deulu' United. Y pwrpas oedd i wneud i ni deimlo'n anghyffyrddus er mwyn cynyddu'n 'cryfder' meddyliol, ond hefyd i'n hatgoffa o'n lle. Roedd chwaraewyr y tîm cyntaf wedi wynebu triniaeth gyffelyb ar eu siwrne nhw hefyd, boed hynny yn United neu mewn clwb arall. Roedd fel rhyw fath o *rite of passage* – seremoni gyda'r bwriad o'n dinoethi a'n haeddfedu, a'n hannog i beidio ag ynysu ein hunain. Gwerthfawrogwn hyn ond teimlwn yn siomedig nad oedden ni'n cael ein croesawu o ddifri gan rai o chwaraewyr profiadol y clwb. Byddwn wedi elwa'n fawr o dderbyn cyngor rhywun fel Gary Neville am y rhinweddau oedd eu hangen i lwyddo yn United ac fel pêl-droediwr yn gyffredinol ac i'n rhybuddio am rai o'r siomedigaethau fyddai yn ein hwynebu ar y siwrne. Yn anffodus, bantyr oedd popeth o fewn clwb pêl-droed proffesiynol ar y pryd. Roeddwn hefyd yn 'gystadleuaeth' i'r chwaraewyr hŷn ac yn fygythiad posib i'w safleoedd yn y dyfodol. Er fe deimlai hynny ymhell i ffwrdd ar y pryd o ystyried y talent yng ngharfan y tîm cyntaf, yn enwedig a hwythau ar drothwy cyfnod ysgubol o lwyddiant yn hanes y clwb.

Pennod 6

ROEDD DAVID BECKHAM yn 23 mlwydd oed ar y pryd, ac eisoes wedi mwynhau llwyddiant aruthrol ar y cae. Bu'n rhan allweddol o dîm United wrth iddynt ennill y dwbl yn 1995/6. Ar ddechrau'r tymor canlynol sgoriodd un o goliau gorau'r gynghrair erioed, pan sgoriodd o'i hanner ei hun yn erbyn Wimbledon. Bellach, gwisgai grys arwyddocaol rhif 7 y clwb, gan ddilyn ôl troed Best, Robson a Cantona yn y broses.

Denai gryn sylw oddi ar y cae hefyd gyda'i fywyd carwriaethol yn meddiannu tudalennau blaen y papurau newydd wedi iddo ddyweddïo â 'Posh Spice' sef Victoria Adams ar ddechrau 1998. Roedd hi'n enwocach nag ef ar y pryd, gyda'r Spice Girls yn grŵp pop byd-enwog. Dechreuodd y brand *Posh & Becks* gynyddu mewn poblogrwydd. Roedd y ddau yn hoff o ffasiwn ac yn ddylanwadol yn y maes. Byddai bechgyn Prydain yn copïo'i ffordd o wisgo, ynghyd â'i steil gwallt adnabyddus – cyrtens hir a'i wallt brown golau naturiol wedi ei liwio'n *blonde*.

Eisteddai Beckham ar y lainc ar gyfer gêm gyntaf Lloegr yng Nghwpan y Byd '98 yn Ffrainc. Derbyniodd fwy o sylw oddi ar y cae, wrth i lun ohono yn gwisgo sarong gyda'i gariad ymddangos yn y papurau. Collodd Lloegr 2-1 yn erbyn Rwmania yn yr ail gêm. Daeth Beckham ymlaen fel

63

eilydd, ond roedd y rheolwr Glenn Hoddle o dan bwysau i'w gynnwys yn y tîm ar ddechrau'r gêm dyngedfennol yn erbyn Colombia. Ildiodd Hoddle ac ymatebodd Beckham drwy sgorio cic rydd wefreiddiol, ei gôl gyntaf i'w wlad. Y wobr oedd gêm yn erbyn yr Ariannin yn rownd yr 16 olaf. Roedd hi'n 2-2 wedi 47 munud o chwarae, pan redodd capten yr Ariannin, Diego Simeone i fewn i gefn Beckham, gan ildio cic rydd. Tra oedd ar y llawr, ffliciodd Beckham ei goes gan daro Simeone. Anfonwyd Beckham o'r cae, ac aeth yr Ariannin ymlaen i ennill y gêm ar giciau cosb. Gwylltiodd cefnogwyr Lloegr, a rhoi'r bai ar Beckham am y canlyniad.

Dychwelodd adref dan gysgod. 'Ten Heroic Lions, One Stupid Boy' oedd pennawd un papur newydd. Crogwyd corffddelw ohono tu fas i dafarn yn Llundain. Roedd Beckham yn elyn i'r gymuned bêl-droed, ond gwarchodwyd Beckham o fewn cyffiniau'r clwb. Syr Alex oedd yn gyfrifol am hynny. Roedd Beckham a Man U o dan warchae, ond fyddai Syr Alex fyth yn ffoi. Dangosai ei gryfder fel rheolwr mewn sefyllfaoedd o'r fath. Roedd yn barod i wneud penderfyniadau mentrus a dadleuol drwy gydol ei yrfa. Amddiffynnodd Cantona wedi'r gic kung-fu yn 1995, gyda Cantona yn dychwelyd wedi'r gwaharddiad i sgorio'r gôl fuddugol yn rownd derfynol y Cwpan FA yn erbyn Lerpwl. Roedd Syr Alex yn Albanwr angerddol, felly roedd yn siŵr o fod yn blês gyda chanlyniad Lloegr. Ond doedd e ddim am weld un o'i chwaraewyr yn dioddef. Dylanwadai hynny'n negyddol ar yr amgylchedd o fewn y clwb ac ar y perfformiadau ar y cae.

Doedd dim un chwaraewr yn fwy na'r rheolwr, na'r clwb. Gallai Fergie fod yn ddidostur wrth waredu chwaraewyr y teimlai oedd wedi anghofio hynny, gan gynnwys Beckham ei hun. Gadawodd i ymuno â Real Madrid yn 2003 wedi i'w perthynas ddirywio, ond fe welais wrthdaro rhyngddynt flynyddoedd ynghynt. Roeddwn wedi gorffen ymarfer un dydd ac yn cerdded yn ôl i'r ystafell newid, pan sylwais o bellter fod sesiwn y tîm cyntaf wedi stopio, a sawl chwaraewr yn syllu ar y llawr. Wrth nesáu gwelwn fod Syr Alex a Beckham wedi cynhyrfu, ac yn gwneud ystumiau ar ei gilydd. Roedd hi'n amlwg fod y ddau yn cweryla'n ddifrifol, ond allwn i ddim clywed beth oedd achos y ddadl. Stompiodd Beckham oddi ar y cae yn ei dymer gan roi cic nerthol i un o'r peli ar y ffordd yn ôl i'r ystafelloedd newid. Neidiodd i fewn i'w gar a'i sgrialu hi o'r ganolfan ymarfer.

Ffordd Beckham o fynegi ei hun oddi ar y cae oedd drwy ei steil a'r ceir newydd crand a yrrai trwy'r giatiau yn gyson. Byddai'r ysgolorion yn edmygu ceir y tîm cyntaf – Range Rovers neu Mercedes *top of the range* a yrrai'r mwyafrif. Ffafriai rhai o'r chwaraewyr geir ychydig bach mwy fflashi gyda Beckham yn arwain y ffordd yn ei Ferrari a'i Lamborghini. Byddai'r ysgolorion ar frys i basio eu profion gyrru, er mwyn prynu eu Fiesta neu Corsa cyntaf. Fflashi i ni ar y pryd oedd *upgrade* i'r *alloys* a gosod system sain yn y ceir.

Byddai rhaid i ni fel ysgolorion sicrhau bod crysau a pheli'n cael eu harwyddo gan y tîm cyntaf pan gyrhaeddant i ymarfer, cyn iddynt gael eu dosbarthu i elusennau gwahanol. Gofynnai hyn am amynedd oherwydd byddai'r tîm cyntaf yn cyrraedd mewn drips a drabs cyn iddynt ddechrau ymarfer am 10.30 y bore. Byddai rhai ohonynt yn cyrraedd yn gynnar er mwyn gwneud *stretches* neu i gael *massage* gan y ffisio. Tra byddai eraill fel Paul Scholes yn cyrraedd ar y foment olaf posib cyn mynd i ymarfer. Byddwn o bryd i'w gilydd yn cael pethau personol wedi eu harwyddo hefyd, boed hynny i mi fy hun, neu fel ffafr i un o'r ysgolorion eraill.

'Did you get Becks?' fyddai'r cwestiwn cyntaf wrth ddychwelyd yn ôl i'r ystafell newid. Gellid fod wedi casglu llofnod pawb arall o'r garfan, ond heb Becks doedd y crys neu'r bêl yn werth dim.

'Could you do Becks for me?' Roedd un o'r ysgolorion wedi dysgu sut i gopïo ei lofnod yn berffaith ac roedd rhai o'r ysgolorion ar dân i gymryd mantais. Nid llofnod go iawn Beckham felly oedd ar rai o beli, cardiau a chrysau United rhwng 1998 a 2001!

Byddai Beckham ei hun yn ddigon parod i roi amser i arwyddo popeth a roddwyd o'i flaen, ond doedd y chwaraewyr i gyd ddim mor barod ag ef. Gofynnais i'm brawd beth oedd am i mi ei gael fel anrheg Nadolig iddo. 'Crys wedi ei arwyddo gan Roy Keane plîs,' oedd yr ateb. Keane oedd ei hoff chwaraewr ond y chwaraewr lleiaf pleserus i ofyn am ei lofnod. Gellid synhwyro o'i olwg yn unig beth oedd ei dymer. Byddai'n dal llygaid gan wneud i rywun deimlo'n anghysurus. Es heibio iddo'n aml, heb ofyn iddo arwyddo. Yn anffodus, doedd dim modd ei osgoi ar gyfer yr anrheg Nadolig, a doedd yr un o'r ysgolorion wedi meistroli ei lofnod ar y pryd!

'Roy, could you sign this please for Rhys?' Syllodd yn fileinig arnaf, ond roedd wedi stopio o leiaf. Cipiodd y feiro ac roedd ar fin arwyddo'i enw...

'Oh, could you write "Merry Christmas and Best Wishes" before the name please?' Syllodd arna i a holodd rhwng ei regfeydd, 'Who is Rhys?'

'My brother, Roy.'

'Can't you think of a better present to get him?' meddai â rhegfeydd yn britho'r sgwrs. Cadwais yn ddistaw, do'n ddim am gorddi'r dyfroedd ymhellach. Dechreuodd ysgrifennu ei enw: 'R... e...' O na! Roedd rhaid i mi ymyrryd.

'Sorry Roy, it's spelt R... h... y... s.' Rhegodd wrth sgriblo.

'It's the Welsh way of saying it.' Tarodd y feiro yn ôl i fewn i fy llaw, cyn cerdded i ffwrdd.

'Sorry that you are his favourite player' ymddiheurais. Nadolig Llawen Roy!

Byddwn i'n digwydd gweld rhai o'r chwaraewyr ar nosweithiau mas hefyd. Pan oedd yn iau, hoffai Keane nosweithiau yn y ddinas, ond ni yfai lawer wrth fynd yn hŷn, felly ni fyddai'n ymuno gyda ni. Roedd hi'n syndod gweld Beckham ar rai o'r nosweithiau. Byddai ef a gweddill y chwaraewyr yn glynu i un ardal o'r clwb nos oedd wedi'i chylchynu gan *security*. Doedd neb yn adnabod yr ysgolorion, felly roedden ni'n rhydd i grwydro. Ond gwag oedd y *dancefloor*. Heidiai'r merched lan lofft i geisio ymuno gyda Beckham a'r criw, ond doedd dim siawns ochrgamu'r *security* tynn. Byddai'r ysgolorion yn sicrhau fod y merched yn ein gweld yn siarad gyda'r tîm cyntaf. Stynt oedd hyn: roedd angen i'r merched wybod pwy oedden ni. Llwyddai'r cynllun, oherwydd unwaith sylweddolon nhw taw chwaraewyr ifanc y clwb oedden ni, bydden nhw'n troi eu sylw atom ni yn lle'r sêr. Doedd dim siawns iddynt ddwyn Becks o grafangau Posh, ond efallai bod modd bachu ysgolor neu ddau!

Doedd bod yn enwog ddim yn apelio ataf. Hoffwn fy rhyddid a'm preifatrwydd. Byddwn i wedi teimlo'n rhwystredig fod pawb yn fy adnabod ac yn ymwybodol o'r rhwystrau ddeuai yn sgil hynny. Ond dyna'r aberth sy'n rhaid ei wneud wrth wireddu'r freuddwyd. Dwi'n meddwl fod llawer o'r bechgyn ifanc yn dyheu am enwogrwydd, ac ar adegau cawn fy nhynnu gyda'r lli, ond nid oeddwn wedi fy argyhoeddi fod y byd mor ddelfrydol ag yr edrychai o'r tu fas. Sylweddolwn fod arian mawr yn cynyddu opsiynau mewn bywyd, ond synhwyrwn ar yr un pryd na ddeuai gwir ryddid fyth o adnoddau allanol, a bod yr ateb bob amser ar y tu mewn. Rhaid canmol Beckham oherwydd llwyddai i gael y cydbwysedd rhwng y ddau fyd. Mwynheuai wario arian ar y pethau moethus, ond ni thynnai ei sylw oddi ar y gwaith caled ar y cae ymarfer ychwaith.

Cefais gyfle i weld prawf o hynny yn uniongyrchol unwaith. Roeddem ar fin gorffen ymarfer pan gafodd ein hyfforddwr orchymyn gan Syr Alex. Roedd am gynnal sesiwn ymosod ac roedd yn brin o gwpl o amddiffynwyr. Troediais draw atynt a'm coesau'n crynu.

'I just need you to mark Cole and Yorke from Becks' deliveries,' oedd cyfarwyddiadau Steve McLaren, rhif dau Fergie ar y pryd. Yorke a Cole oedd un o bartneriaethau ymosod mwyaf peryglus Ewrop ar y pryd, a Beckham a'u bwydai'n aml. Doedd neb cystal yn y byd am groesi'r bêl ar y pryd. Roedd techneg croesi anhygoel ganddo a phrofais drosof fy hun pa mor galed oeddynt i'w hamddiffyn. Mae nifer o asgellwyr yn rhoi gormod o awyr ar y bêl wrth groesi, sy'n rhoi hanner eiliad i'r amddiffynnwr ymateb ac i addasu'r corff os nad ydyw yn y safle cywir. Roedd hyn yn amhosib gyda Beckham. Os nad oedd rhywun yn y man cywir o'r dechrau doedd dim cyfle gan yr amddiffynnwr oherwydd fe chwipiai'r peli i fewn yn isel gyda chymaint o gywirdeb a chyflymder. Doedd dim modd eu hamddiffyn os oeddech fymryn allan o'ch safle, yn enwedig gyda Cole a Yorke mor chwim yn y cwrt cosbi. Roedd hi'n wers werthfawr i mi fel amddiffynnwr ifanc ar y pryd. Er ei dalentau, nid Becks oedd y chwaraewr gorau i mi ymarfer gydag ef yn y clwb. Mae'r fraint honno yn mynd i Paul Scholes a fu'n ymarfer gyda'r tîm ieuenctid wrth wella o anaf un tro. Doedd dim modd ei daclo oherwydd roedd ganddo gymaint o feistrolaeth ar y bêl, siapiai ei gorff fel ei bod hi bob amser mas o gyrraedd amddiffynnwr – prin yr ildiai ei feddiant o'r bêl. Roedd ei ddylanwad ar y clwb yn anferth, ond dydw i ddim yn meddwl iddo gael digon o glod yn ystod ei yrfa. Mae sawl cyn-chwaraewr i'r clwb wedi datgelu dros y blynyddoedd taw ef oedd y chwaraewr mwyaf talentog iddynt gyd-chwarae ag e. Mae hyd yn oed rhai o gyn-chwaraewr canol cae gorau'r gêm erioed, fel y Ffrancwr Zinedine Zidane a'r Sbaenwr Xavi wedi datgan taw ef oedd y chwaraewr canol cae mwyaf 'cyflawn' iddynt chwarae yn ei erbyn. Derbyniai Scholes lai o sylw na Beckham oddi ar y cae. Nid oedd mor olygus â Beckham, ond hefyd doedd dim diddordeb ganddo i fod yn enwog. Hoffai fywyd syml a diffwdan, gan ddianc o'r byd pêl-droed ar unrhyw gyfle medrai. Gallwn uniaethu gyda'i agwedd.

Pennod 7

Y GYSTADLEUAETH IEUENCTID fwyaf anrhydeddus ar ein lefel ni oedd yr FA Youth Cup. Roedd Man United wedi ennill y tlws wyth o weithiau ar y pryd – mwy nag unrhyw glwb arall. Enillwyd y gwpan ddwywaith yn ystod y 90au. Y tro cyntaf yn 1992 wrth guro Crystal Palace, gyda charfan yn cynnwys Giggs fel capten, Beckham, Gary Neville, Nicky Butt a hefyd y Cymro Robbie Savage. Enillwyd y gwpan am yr ail dro yn 1995 ar ôl curo Tottenham Hotspur ar giciau cosb. Cystadleuaeth ar gyfer chwaraewyr dan 18 oedd hi, felly ysgolorion o'r ail flwyddyn fyddai'n ffurfio craidd y garfan yn '98. Prif gystadleuaeth y tîm dan 17 y tymor hwnnw oedd cynghrair yr FA Premier Academy. Yn hanesyddol chwaraeai'r timoedd ieuenctid mewn cynghreiriau rhanbarthol, ond newidiwyd y drefn y tymor blaenorol. Golygai hynny ein bod yn mynd i chwarae yn erbyn clybiau ledled Lloegr.

Roedd fy nghorff wedi addasu i ofynion yr ymarfer a theimlwn yn gryf cyn gêm gyntaf y gynghrair. Y gwrthwynebwyr oedd West Ham oddi cartref. Roedd hi'n addo i fod yn ddechreuad caled oherwydd roedd system ieuenctid arbennig gyda nhw ar y pryd, gyda chwaraewyr ifanc fel Rio Ferdinand a Frank Lampard bellach yn serennu i'r tîm cyntaf. Dwi wedi sôn am ddoniau Joe Cole sawl gwaith yn barod, ond nid ef oedd yr unig fygythiad. Roedden nhw'n dîm mawr athletig a chorfforol, felly roedd y paratoadau i'r gêm yn ddwys, er y byddai'r dasg ychydig yn haws gan na fyddem yn wynebu Cole, oedd wedi ei ddyrchafu i chwarae i'r tîm dan 19, gyda Michael Carrick, a aeth yn ei flaen i fwynhau gyrfa ddisglair yn y gêm, yn gwmni iddo.

Roeddwn ar fin gorffen gêm saith bob ochr gystadleuol yn yr ymarfer pan geisiodd un o'r bechgyn fy nhaclo. Roedd hi'n ymdrech deg, ond mymryn yn hwyr yn anffodus. Sisyrnwyd fy nghoes rhwng ei goesau ef. Ro'n i'n sefyll yn stond, felly doedd dim momentwm gen i. Trodd fy mhenglin a chwympais i'r llawr. Rhuthrodd yr atgof o'r anaf ges i ar yr iard yn Ysgol Glantaf yn ôl i 'mhen. Y goes dde yn hytrach na'r un chwith oedd hi tro yma, ond yr un oedd y teimlad. Gwyddwn yn reddfol fod yna ddifrod difrifol. Llwyddais i godi ar fy nhraed heb gymorth. Ro'n i'n sigledig wrth gerdded at yr ystafell newid; cliciai'r ben-glin yn ddibaid a theimlwn yn simsan. Do'n i ddim am wneud gormod o ffws. Efallai byddai'r anaf yn diflannu, meddyliais. Roeddwn mewn sioc ac yn ceisio dod i delerau â'r hyn oedd newydd ddigwydd.

Es yn syth i weld y ffisio. Gorweddwn ar un o'r gwelyau, gosodwyd bag o iâ ar fy mhen-glin a chodwyd y goes. Y cam cyntaf mewn anafiadau o'r fath yw ceisio cadw'r chwydd i lawr. Mae ychydig o chwyddo yn helpu i amddiffyn meinwe (*tissue*) sydd wedi cael ei ddifrodi, ond mae gormod ohono yn medru arafu'r broses o wella. Yn wyrthiol, fe setlodd yr anaf i lawr dros y dyddiau nesaf; allwn i ond mynd poeni'n ormodol, gan or-ymateb. Byddwn yn sicr mas o'r gêm yn erbyn West Ham y penwythnos hwnnw, ond o bosib gallwn ddychwelyd ar gyfer y gemau cartref yn erbyn Derby a Watford ar y penwythnosau canlynol. Roedd y ffisios i weld yn blês gyda'r ffordd yr ymatebai'r anaf i'r driniaeth. Dechreuais gynyddu dwyster yr ymarfer yn araf bach. Rhedwn gyda rhai o'r chwaraewyr eraill a oedd yn derbyn triniaeth. Rhedeg mewn llinell syth yn unig oedden ni; doedd y ffisios ddim am gynyddu'r perygl o dwistio'r ben-glin unwaith yn rhagor gan ddad-wneud ymateb positif yr anaf i'r driniaeth hyd yn hyn.

Chwalwyd fy ngobeithion o ddychwelyd yn fuan o fewn cwpl o ddiwrnodau. Ro'n i'n gorwedd ar un o'r gwelyau yn ymestyn cyhyr y *quadricep* wrth dynnu fy sawdl tuag at fy mhen ôl, pan deimlais 'ping' yn y ben-glin. Gollyngais fy nghoes, ond roedd hi wedi cloi yn yr awyr. Allwn i ddim symud y goes o gwbl. Gwaeddais ar y ffisio, Rob Swire, oedd ar ganol rhoi triniaeth i un o'r chwaraewyr eraill.

'Rob, I can't move my leg. It's completely stuck.' Rhuthrodd draw ata' i gyda golwg ddifrifol ar ei wyneb.

'It doesn't look good,' meddai wrth iddo helpu i sythu'r goes, a'i gorffwys yn ôl ar y gwely. 'We'll have to get the consultant to look at it.'

O fewn cwpl o ddiwrnodau cefais apwyntiad i weld llawfeddyg orthopedig o'r enw Jonathan Noble. Roedd wedi trin sawl chwaraewr o'r clwb dros y blynyddoedd, ynghyd â nifer o chwaraewyr criced yng Ngogledd Lloegr. Credai fod difrod i'r *cartilage* yn y ben-glin, ond roedd am i mi gael sgan MRI i weld yn gwmws beth oedd natur a difrifoldeb yr anaf. Cadarnhaodd y sgan fod yna rwyg gwael yn y *meniscus*. Dyma'r darn o *cartilage* sy'n ffurfio clustog rhwng asgwrn y glun (y ffemwr) ac asgwrn y grimog (y tibia). Roedd dau opsiwn gennyf. Y cyntaf fyddai tynnu'r rhan fwyaf o'r *cartilage* o'r ben-glin. Byddai'r opsiwn yma yn golygu bod modd i mi ddychwelyd i'r cae o fewn mis neu ddau, ond byddai'n cynyddu'r posibilrwydd o gael problemau hirdymor, gan fyrhau fy ngyrfa. Yr ail opsiwn oedd i geisio trwsio'r *cartilage* trwy ei bwytho'n ôl at ei gilydd. Roedd siâp a natur y rhwyg yn golygu fod hyn yn bosibiliad. Dywedodd Mr Noble fod cyflenwad da o waed yn cyrraedd y rhan yma o'r *cartilage* mewn pobl ifanc. Byddai hyn yn helpu i wella'r anaf. Golygai'r opsiwn yma lawdriniaeth agored, a chyfnod hirach o tua tri i bedwar mis o'r gêm. Byddai llawdriniaeth lwyddiannus yn lleihau'r posibiliadau o broblemau hirdymor. Ffafriai'r ffisio a'r arbenigwr yr ail opsiwn ac ro'n i'n gytûn. Roedd rhaid ystyried yr effeithiau hirdymor, a do'n i ddim am fyrhau fy ngyrfa cyn iddi hyd yn oed gychwyn o ddifri.

Teithiodd Mam o Gaerdydd i fynd â fi i'r ysbyty preifat. Ro'n i wedi cael llawdriniaeth pan ro'n i'n iau, ond ro'n i'n rhy ifanc i gofio llawer amdani. Daeth Mr Noble i'm gweld, yna cefais fy arwain i gyfeiriad yr ystafell llawdriniaeth. Do'n i ddim yn poeni'n ormodol. Wedi'r cwbl, roedd Mr Noble mor brofiadol yn y maes. Fy atgof cyntaf wedi teimlo'r anaesthetig yn llifo lawr fy ngwythïen oedd deffro yn yr ystafell *recovery*. Am ennyd anghofiais am y goes; yna teimlais boen yn dod o'r ben-glin. Syllais ar y goes oedd wedi ei rhwymo'n drwchus mewn *bandages*. Dychwelais i'm hystafell, a gosodwyd y goes mewn *brace* orthopedig i'm hatal rhag medru ei sythu, er mwyn sicrhau fod y pwythau yn gweithio ac yn gwella'r ben-glin. Byddai'r *brace* yn gwmni i mi am y chwe wythnos nesaf.

Arhosais yn yr ysbyty am ddwy noson. Cyn gadael newidiwyd y rhwymynnau am y tro cyntaf. Roedd y goes bron yn ddwbl trwch y llall. Doedd dim byd allai ffisios yn y clwb ei wneud nes fod y chwydd wedi mynd i lawr, felly rhoddwyd caniatâd i mi ddychwelyd i Gaerdydd am gwpl o wythnosau. Ond doedd dim modd i mi wir ymlacio. Roedd rhan ohonof yn edrych ymlaen i dreulio ychydig o amser gyda fy nheulu a fy ffrindiau, ond ar y cyfan teimlwn yn rhwystredig. Roedd yr holl waith ffitrwydd wnes i ym Manceinion er mwyn paratoi ar gyfer y tymor nawr yn wastraff. Atseiniai sylw'r hyfforddwr, 'money in the bank' yn fy mhen. Roedd yr 'arian' gynilais drwy redeg traws gwlad, yr *hill sprints* a'r *twelve minuters* bellach wedi diflannu.

Rhoddodd yr anaf gyfle i mi fynd i ymweld â ffrindiau yn yr ysgol, a hynny ar fy maglau. Ynghyd â pheidio plygu'r goes, chawn ni ddim rhoi unrhyw bwysau arni chwaith. Teimlwn embaras yn hoblo yn y fath stad, gyda'r athrawon yn teimlo trueni drosof. Roedd hi'n deimlad lletchwith i weld fy ffrindiau. Roedd fy myd fel petai wedi newid yn gyfan gwbl ers y trip i Ddinbych-y-pysgod, ond iddyn nhw, ac eithrio cychwyn yn y chweched dosbarth, roedd bywyd wedi parhau fel arfer. Roeddwn hefyd ychydig yn *paranoid*. Efallai fod rhai o'r disgyblion yn falch fy mod wedi diodde'r anaf. Roddodd neb reswm i mi hel y fath feddyliau. Deilliai'r amheuon yn sgil yr anaf ges i ar yr iard flynyddoedd ynghynt. Ni ddychwelais i'r ysgol wedi'r ymweliad hwnnw.

Am weddill yr amser, ro'n i'n gaeth i'r tŷ ac wedi glynu wrth fy nesg. Yn blentyn byddai modd dianc i'r ardd ac i fyd fy nychymyg. Doedd hynny ddim yn bosib ar y pryd, felly i fyd digidol *Championship Manager* yr awn i ddianc. Rhoddai'r gêm gyfrifiadurol y cyfle i esgus bod yn rheolwr pêl-droed, ac mae hi'n gêm heintus dros ben. Gallasai'r holl oriau segur fod wedi bod yn gyfle i mi weithio ar fy sgiliau meddyliol, ac i wneud y defnydd gorau o'r amser gyda fy nghorff disymud, ond wyddwn i ddim sut i wneud hynny ar y pryd. Byddai chwarae *Champ* yn llwyddo i ddwyn fy sylw rhag meddwl am yr hyn oedd yn digwydd lan ym Manceinion yn y byd go iawn. Roedd y tîm dan 17 wedi mwynhau dechrau tanllyd i'r tymor gan guro West Ham 2-1 yn y gêm gyntaf cyn curo Derby 4-0 a Watford 2-1 yn y gemau canlynol. Roedd yr ysgolorion yn fy mlwyddyn yn datblygu ac yn gwella eu sgiliau, tra mod i wedi rhewi yn fy unfan yng Nghaerdydd.

Dychwelais i'r clwb ymhen cwpl o wythnosau a'r cam cyntaf oedd tsiecio cyflwr y goes. Cefais sioc wrth i'r ffisios dynnu'r *brace* i ffwrdd. Roedd y chwydd wedi diflannu ond roedd fy nghyhyrau wedi crebachu hefyd. Teimlai'r goes lawer yn wannach na'r goes chwith. Roedd gwaith caled o'm blaen i gryfhau a gwella'r goes cyn diwedd y tymor. Mae amgylchedd pêl-droed yn lle unig i chwaraewyr sydd wedi eu hanafu. Rydych yn teimlo ar yr ymylon rhywsut. Roedd gweddill y chwaraewyr yn paratoi'n wythnosol ar gyfer y gemau ar y boreau dydd Sadwrn, ond doedd dim rhyddhad tebyg i mi. Cleciai styds y bechgyn ar y llawr wrth iddynt ddiflannu mas i ymarfer, gan adael distawrwydd llethol ar eu holau yn y Cliff. Doedd y clwb ddim am i'r amgylchedd yn yr ystafell ffisio fod yn rhy gyffyrddus i chwaraewyr oherwydd y bwriad oedd dychwelyd i'r cae cyn gynted â phosib. Golygai hyn fod y dyddiau yn hir. Roedd fy amserlen bersonol yn cynnwys sawl rownd o driniaeth, ynghyd ag ymarferion undonog yn y gampfa. Ar y dechrau, yr oll allwn i ei gyflawni oedd ymarfer tynhau cyhyr y cwad a dechrau plygu'r goes. Roedd ffenestri yn y gampfa, ond roeddent yn fach ac wedi eu gosod yn uchel yn yr ystafell. Doedd dim modd edrych mas ar y byd wrth ymarfer. Er y cyfyngiadau, roedd fy agwedd yn bositif. Nid yr un ben-glin â'r un anafwyd ar iard yr ysgol oedd hi, a damwain oedd achos yr anaf y tro hwn. Ro'n i'n anffodus, dyna i gyd. Ac ymddangosai pawb yn ffyddiog y gallwn ddychwelyd i'r cae yn gryfach nag erioed.

Gwellhaodd yr anaf dros y misoedd nesaf. Llwyddais i adeiladu'r cyhyrau a dechreuodd y ben-glin deimlo'n fwy sefydlog. Mis Ebrill oedd hi arna i'n dychwelyd i'r cae ymarfer. Roedd y tîm ieuenctid wedi cael ymgyrch siomedig yn yr FA Youth Cup wedi i Everton guro o 4-0 yn y drydedd rownd ym mis Ionawr. Eisteddai'r tîm dan 17 ar frig y gynghrair, a chwpwl o gemau yn unig oedd ar ôl cyn y *playoffs*. Des ymlaen fel eilydd ar gyfer fy ngêm gyntaf yn ôl, cyn cael fy newis i ddechrau yn y gêm nesaf. Enillon ni'r gynghrair, gyda Blackburn yn gorffen dau bwynt tu ôl i ni. Roedd hi'n gêm a hanner yn rownd gynta'r *playoffs* wrth i ni guro Leicester City 5-4 yn yr amser ychwanegol. Sunderland oedd yr ymwelwyr yn y rownd nesaf a sgoriais y gôl gyntaf wrth i ni guro 3-0. Rhuthrodd y chwaraewyr ataf i'm cofleidio wedi i mi sgorio; teimlwn fel pe taen nhw'n fy nghroesawu'n ôl i'r tîm. Blackburn oedd ein gwrthwynebwyr yn y rownd gyn-derfynol, ond roedd hi'n ddiwrnod siomedig wrth iddynt ddial am golli'r gynghrair trwy ein curo 5-1 wedi amser ychwanegol – canlyniad a ddiweddodd ein tymor ar y cae. Roeddwn wedi digalonni gyda'r modd y collon ni'r gêm, ond rhwystredigaeth oedd y prif emosiwn. Roedd fy ffitrwydd yn gwella wedi pob naw deg munud a'r hyder yn y ben-glin yn cynyddu. Edrychai'r chwaraewyr eraill ymlaen at fwynhau saib wedi tymor hir ar y cae, tra yswn i am fwy o gemau. Wyth o weithiau yn unig y chwaraeais y tymor hwnnw.

Gorffennodd ein tymor ni yn wythnos gyntaf mis Mai, ond doedd dim modd dychwelyd adref neu fynd ar ein gwyliau. Byddai'r tymor yn gorffen yn swyddogol wedi i ymgyrch y tîm cyntaf ddiweddu, ac roedden nhw'n parhau yn ei chanol hi. Roedd ganddynt siawns o ennill y trebl (y Gynghrair, Cwpan FA a Chynghrair y Pencampwyr) am y tro cyntaf yn eu hanes. Roedd pethau'n argoeli'n dda iddyn nhw gyda dyddiadau rowndiau terfynol Cynghrair y Pencampwyr a'r Cwpan FA eisoes yn y calendr, wedi perfformiadau disglair yn y rowndiau cyn-derfynol wrth guro Juventus ac Arsenal. Sgoriodd Ryan Giggs gôl unigol wych yn y gêm yn erbyn

Arsenal, wrth iddo ddriblo heibio hanner y gwrthwynebwyr cyn plannu'r bêl i do y rhwyd i gipio'r fuddugoliaeth i ddeg dyn United yn ystod yr amser ychwanegol.

Roedd rhaid i United ennill gêm olaf y gynghrair gartref yn erbyn Tottenham Hostspur er mwyn cipio'r tlws. Aeth Spurs ar y blaen pan lobiodd Les Ferdinand y bêl dros ben Schmeichel, ond ar ddiwedd yr hanner cyntaf sgoriodd Beckham gôl arbennig wrth chwipio'r bêl i gornel y rhwyd. Tro Andy Cole oedd hi i lobio'r gôl-geidwad yn yr ail hanner, wrth iddo roi United ar y blaen. Parodd i United ennill y gynghrair am y pumed tro mewn saith tymor. Mwynhawyd trip i Wembley i wylio'r tîm yn ennill y dwbl wrth iddynt guro Newcastle 2-0, ond roedd sylw'r bechgyn wedi ffocysu ar y Camp Nou, gyda rownd derfynol Cynghrair y Pencampwyr yn erbyn Bayern Munich ar y gorwel.

Hedfanon i Barcelona yn gynnar ar fore'r gêm. Roedd y maes awyr yn llawn cynnwrf. Dyma'r tro cyntaf i'r clwb ymddangos yn rownd derfynol Cwpan Ewrop ers 1968, pan drechwyd Benfica 4-1. Rhoddwyd 38,000 o docynnau i'r clwb i'w dosbarthu i'r cefnogwyr ar gyfer y gêm yn erbyn Bayern, ond amcanwyd fod 55,000 o gefnogwyr y clwb wedi penderfynu teithio yno. Dyma'r nifer mwyaf o gefnogwyr i deithio i wlad dramor yn Ewrop i gefnogi eu tîm ar gyfer un gêm erioed. Gwelsom Mick Hucknall, canwr Simply Red, oedd yn gefnogwr United brwd, ac yn ffrindiau agos gyda Syr Alex. Ar yr awyren gyda ni roedd y chwaraewr snwcer o Iwerddon a chyn-bencampwr y byd, Ken Doherty. Gorfodwyd ni i wisgo siwt a chrys a thei y clwb. Roeddem yn dal i gynrychioli'r clwb yn ôl yr hyfforddwyr. Ond draw yno rhoddwyd rhyddid i ni fynd i fwynhau ein hunain. Roedd hi'n boeth iawn yn Barcelona ac ro'n i wedi bod yn yfed trwy'r prynhawn. Tsieciais boced fy siwt, ond doedd y tocyn ddim yno.

'Come on now guys, joke over, give me my ticket back.'

Doedd gan neb y tocyn a minnau'n cynhyrfu. Roedd tocynnau ar gyfer y gêm yn gwerthu am lan i £1,500 o bunnau yr un. Tyrchais trwy fy mhocedi, ond roedd wedi diflannu. O bosib fod y tocyn wedi cwympo o boced y blaser, neu fod rhywun wedi ei ddwyn. Byddai rhaid i mi ddweud wrth fy hyfforddwr. Roedd Neil a Dave ynghyd â rhai o hyfforddwyr eraill y clwb yn mwynhau tapas yn un o'r bwytai.

'Neil, I've lost my ticket.'

'What do you mean you've lost it? What are you going to do then?' Edrychodd arna i'n syn.

'Umm, not sure, I guess I'll just have to watch it in a bar by myself,' dywedais mewn cywilydd, ond yna sylwais fod wyneb Neil a'r hyfforddwr eraill wedi meddalu ychydig.

Tynnodd amlen o'i boced gyda fy enw arni, ac ynddi roedd fy nhocyn. Roedd Neil wedi dosbarthu'r tocynnau mewn amlenni yn y maes awyr, ac ro'n i'n rhy ddiog i tsiecio'r tocyn, felly roedd yr amlen wedi'i selio o hyd.

'You are very lucky, someone recognised your name as a youth player, and generously handed it in to us.' Roeddwn wedi syfrdanu, a sylweddolais pa mor lwcus oeddwn i. Cerddais draw i'r Camp Nou yn teimlo hyd yn oed fwy gwerthfawrogol am gael y cyfle i fynd i'r gêm. Cydiais yn dynn yn y tocyn yr holl ffordd yno.

Mae'r Camp Nou yn llwm ei olwg o'r tu fas. Roedd y stadiwm wedi heneiddio ers iddi gael ei hadeiladu yn ystod y 50au ond roedd yr olygfa wrth gerdded i'r eisteddle yn wefreiddiol. Roedd dros 90,000 o dorf yno ac roedd yr atmosffer yn fyddarol. Eisteddem tu ôl i'r gôl, gyda gweddill y cefnogwyr. Roedd yna deimlad gobeithiol ymysg y cefnogwyr, ond roedd nerfusrwydd hefyd. Enillodd Bayern y tlws dair gwaith yn olynol yn y 70au, a hynny dan gapteniaeth un o oreuon y gêm, Franz Beckenbauer. Ond roeddent wedi colli yn eu dau ymddangosiad diwethaf yn y ffeinal yn ystod yr 80au. Doedden nhw ddim am golli tair rownd derfynol yn olynol, a doedd Man U ddim am fethu wedi dros tri deg mlynedd o aros am y cyfle. Mae Camp Nou yn llwyfan anhygoel i chwaraewr pêl-droed, ond roedd hi'n gêm sâl.

Cafodd Bayern y dechreuad gorau posib wrth i Peter Schmeichel gael ei drechu gan gic rydd Mario Basler yn gynnar yn y gêm. Distawodd y cefnogwyr o'm cwmpas, a doedd dim llawer o resymau dros ddathlu am weddill y naw deg munud. Roedd Man U yn gweld eisiau dylanwad Keane a rheolaeth Scholes, gyda'r ddau wedi cael eu gwahardd o'r gêm. Yn rheoli canol y cae i Bayern y noson honno roedd Lothar Matthäus. Fe ynghyd â Bryan Robson oedd fy arwyr drwy blentyndod. Enillodd Gorllewin yr Almaen Gwpan y Byd '90 o dan gapteniaeth Matthäus, ond doedd e ddim wedi ennill Cwpan Ewrop na Chynghrair y Pencampwyr. Ni welais Robson yn chwarae yn y cnawd erioed, felly roedd gallu gwylio Matthäus yn chwarae yn fraint. Roedd ei weld ar y cae yn fy atgoffa o fod ar wyliau yn Majorca yn blentyn. Chwaraeai Matthäus i Inter Milan ar y pryd, a gwelais grys gyda'i enw yn hongian yn un o'r siopau. Erfyniais ar Mam a Dad i'w brynu, er taw maint oedolion yn unig oedd ar ôl. Gwisgais y crys am weddill y gwyliau, er ei fod bron â chyffwrdd y llawr. Roedd Matthäus yn heneiddio, ond parhau oedd ei ddylanwad. Y gôl-geidwad Oliver Kahn oedd y capten, ond Lothar arweiniodd Bayern ar y cae. Ar ddiwedd ei yrfa chwaraeai fel *sweeper*, ond yn absenoldeb Scholes a Keane gofynnodd y rheolwr iddo chwarae yn ei gyn- safle yng nghanol y cae. Blinodd gyda'r holl redeg ychwanegol yn y safle yma, a gyda deg munud i fynd cafodd ei eilyddio. Dyma i fi oedd y trobwynt. Roedd

Bayern eisoes wedi cael cyfleon i selio'r fuddugoliaeth, ond fe darwyd y postyn a'r bar. Yn absenoldeb Matthäus, roeddent yn anhrefnus. Manteisiodd United drwy greu y diweddglo mwyaf dramatig ac anghredadwy yn hanes y gystadleuaeth.

Dydw i ddim yn colli arni yn ystod gêm. Tydw i fyth yn bloeddio a dathlu gormod. Rwy'n cadw fy emosiynau'n gudd. Ond pan sgoriodd Sheringham yn ystod yr amser ar gyfer anafiadau, gwirionais fel pawb arall o'm cwmpas. Daeth y gôl o unman, doedd hi ddim fel petai'r tîm wedi bod yn bygwth sgorio cyn hynny. Roedd y dorf yn dal heb setlo pan sgoriodd Solskjaer yr ail. Tydw i erioed wedi profi awyrgylch tebyg wedi i'r bêl daro cefn y rhwyd am yr ail dro. Aeth popeth ar y cae yn niwlog gyda fy sylw ar y dathlu gorfoleddus o'm cwmpas. Neidiodd pawb dros ben ei gilydd. Llifodd dagrau o lawenydd pur i lawr bochau cefnogwyr o wahanol genedlaethau. Rhai ohonynt yn ddigon hen i gofio'r fuddugoliaeth yn Wembley yn erbyn Benfica dros dri deg mlynedd ynghynt, eraill heb hyd yn oed gael eu geni bryd hynny. Cofleidiodd cefnogwyr oedd yn ddieithriaid cyn i'r gêm gychwyn – y fuddugoliaeth nawr yn eu huno yn atgofion ein gilydd am byth. Chwifiodd rhai o'r ysgolorion eu teis uwch eu pennau, y gweddill ohonom wedi eu clymu o gwmpas ein talcenni. Cefnogwyr nid ysgolorion oeddem y noson honno.

Darllenais golofn a ysgrifennodd Matthäus yn y cylchgrawn *Four Four Two* yn 2018. Datgelodd fod llywydd Bayern, Franz Beckenbauer, ar ei ffordd lawr yn y lifft pan oedd y sgôr yn 1-0 i Bayern. Munud yn ddiweddarach, wedi dod mas o'r lifft gwelodd fod y sgôr fwrdd yn dweud 2-1 i United. Aeth lan at ddyn diolgelwch cyfagos a dadlau fod y sgôr fwrdd yn anghywir, cyn i wirionedd y sefyllfa ei daro. Trist oedd gweld Matthäus yn llygadu'r tlws, ond ddim yn

Y bêl enfys oedd yn gyfaill i mi yn yr ardd ac yn y gwely.

Gydag un o fy llyfr sticeri. Mae ar agor ar dudalen Man U gyda phob un o'r sgwariau wedi'u llenwi!

Gyda Tad-cu yn chwarae â'n
hoff degan yn blentyn sef gêm
bêl-droed electronig.

Mewn cit Ysgolion Caerdydd
ar y cae lle gwelodd Tony
Hopkins, sgowt Man U fi'n
chwarae am y tro cyntaf.

MANCHESTER UNITED FOOTBALL CLUB
PLC

Registered Office: OLD TRAFFORD · MANCHESTER M16 0RA

CHIEF EXECUTIVE C. MARTIN EDWARDS
MANAGER ALEX FERGUSON
SECRETARY KENNETH R. MERRETT

Registered No. 95489 England
Telephone: 061-872 1661 (Office)
061-872 0199 (Ticket and Match Enquiries)
Fax No: 061-876 5502
Telex: 666564 United G

<u>South Wales Select V Bristol/Midlands Select</u>

Dear Rhodri,

I have given you and your parents a verbal invitation for you to play in the above mentioned game. Please accept this as a formal invitation. The game is to be played on Tuesday 23 May 1995. Kick Off 6.30 pm., in the village of Ellwood on the outskirts of Coleford,
(see enclosed sheet for details of venue).

I would like you to report to the Raglan Services on the A.449. by 5.00 pm. Please bring boots and a towel. Playing kit will be provided by the club. Les Kershaw, Chief Scout and Dave Bushell, Youth Development Officer, will both be attending the game.

If you have any queries or problems do not hesitate to contact me at my home address given below:

        "Old School House"
        4 Church Mead
        Bassaleg
        Newport
        Gwent   Tel: 01633 894523

I am looking forward to seeing you at the game.

Yours sincerely

Tony Hopkins

South Wales Scout M.U.F.C.

President: Sir Matt Busby CBE.
Directors: C.M. Edwards (Chairman), J.M. Edelson, R. Charlton CBE, E.M. Watkins, A.M. A. Midani, R.L. Olive, R.P. Launders.

Llythyr gan Tony Hopkins yn fy ngwahodd i 'nhreial cyntaf gyda'r clwb.

Team Manager
ROY EVANS

Chief Executive/General Secretary
PETER ROBINSON

THE LIVERPOOL FOOTBALL CLUB
& ATHLETIC GROUNDS
PUBLIC LIMITED COMPANY
Company Registration Number 35668, England

ANFIELD ROAD, LIVERPOOL L4 0TH.

SH:SW

6 February 1996

Mr Fear
Gwygfa
Tydraw Road
Lisvane
Cardiff
CF3 9YF

Dear Mr Fear

Our South Wales representative, Mr Fred Edgington, has given me
excellent reports about young Rodri and his playing ability. At
Liverpool Football Club we are extremely ambitious to identify
and develop young talent.

The current rules and regulations are very strict as regards what
professional clubs can and cannot do with young players. At
Liverpool we follow those regulations closely. At this stage,
may I simply register an interest in Rodri's football future. I
have asked Fred to watch him very closely and when the rules
allow it, <u>with your permission</u>, to have Rodri visit Liverpool and
let him see the boys of his age group already signed with the
club.

Sincere best wishes to you and Rodri.

Yours sincerely

Steve Heighway
Director of Youth

Administration   0151-263 2361/2
Match Information Service Only   0151-260 9999 (24 Hours)
Match Ticket Office: Enquiries Only   0151-260 8680
Development Association   0151-263 6391
Fax Number   0151-260 8813
Registered Office: 52 Mount Pleasant, Liverpool L3 5UN

Official Sponsors
adidas   Carlsberg

Banqueting & Conference Suite Bookings   0151-263 7744
Souvenir Shop   0151-263 1760
Sales & Marketing   0151-263 2361
Sales & Marketing (Non Match Day)   0151-261 1166
Public Relations & Museum Visits   0151-263 2361
Public Relations/I.S.C.   0151-260 1433

Y llythyr a dderbynies yn grwtyn ysgol gan Steve Heighway o Lerpwl. Sillafwyd fy enw yn y dull Sbaeneg!

Ym mhrifysgol Keele a Mam yn rhoi cwtsh i mi yn ystod cystadleuaeth treialon i dîm Man U dan 14.

Tîm buddugol treialon Man U dan 14. Rwyf yn y rhes gefn, yr ail o'r dde. I'r chwith ohonof mae Marek Szmid, ddaeth yn gyfaill agos i mi. Yn y rhes flaen, y trydydd o'r dde, mae Jimmy Davis. I'r dde o Jimmy mae'r Cymro Kevin Gall aeth yn ei flaen i gael gyrfa yn y gêm. Hefyd yn y rhes flaen, y trydydd o'r chwith mae cyn-chwaraewyr Lloegr, West Ham, Chelsea a Lerpwl, Joe Cole. Y chwaraewr mwyaf dawnus i mi gyd-chwarae ag o.

Moment i mi fy hun yn ystod y gystadleuaeth yn Keele. Yn y cefndir, mae'r gwrthwynebwyr, tîm Washington o'r UDA a'u cefnogwyr yn chwifio baner y wlad.

Derbyn fy nghap cyntaf yn erbyn Gweriniaeth Iwerddon a finnau'n gwisgo crys rhif 9. Rhif sydd yn cael ei roi i ymosodwr fel arfer ond rhoddwyd y crys i mi er taw chwarae yn yr amddiffyn oeddwn i. Penderfynodd y rheolwr gymysgu'r rhifau er mwyn ceisio drysu'r gwrthwynebwyr! Wnaeth ei gynllun ddim gweithio oherwydd fe gollon ni 1-0!

Dyma fi'n gwisgo fy nghap cyntaf wedi'r gêm yn erbyn Gweriniaeth Iwerddon. Mae Jermaine Easter yn y cefndir mewn siwmper lwyd. Aeth yn ei flaen i chwarae i dîm llawn Cymru.

Arwyddo cytundeb ysgolion Man U gyda Syr Alex Ferguson yn Old Trafford. Enwau o'r chwith: Tony Hopkins (sgowt), Rhys fy mrawd, Dave Bushell (Swyddog Ieuenctid), fy nghyn-lysfam Sian, Dad, Syr Alex, Mam a Martyn fy llysdad.

Chwarae i dîm dan 17 Man U. Dyma'r unig dro i mi siafio fy ngwallt erioed. Ro'n i'n ceisio efelychu fy arwr yn y clwb, Jaap Stam, oedd yn hanner moel!

Fi yn ennill tacl wrth chwarae i dîm dan 19 Man U ar gae ymarfer y Cliff. Sheffield Wednesday oedd y gwrthwynebwyr.

Camu o'r cefn wrth chwarae i dîm dan 19 Man U. Wigan Athletic oedd y gwrthwynebwyr.

Wayne Evans o Landysul. Y 'Ryan Giggs' nesaf ond ni lwyddodd i feithrin gyrfa yn y gêm.

Carfan Rotherham yn ystod tymor 2001/02. Rwyf yn y rhes flaen, y trydydd o'r dde. I'r chwith ohonof mae'r ymosodwr Mark Robins, cyn-ymosodwr Man U a achubodd swydd Fergie. I'r chwith ohono ef, mae'r rheolwr Ronnie Moore. Yn y rhes gefn, y pedwerydd o'r chwith, mae'r ymosodwr Alan Lee aeth yn ei flaen i chwarae i Gaerdydd a bûm yn byw gyda fe yn ystod y cyfnod yma.
(*Alamy*)

Yn Rotherham ar ddechrau tymor 2002/03. Doeddwn i ddim mewn stad feddyliol dda ar y pryd, sydd efallai i'w weld yn y llun.

Jimmy Davis, fy ffrind, a gollodd ei fywyd mewn damwain car yn 2003.
(*Getty*)

Roy Keane a Gary Neville yn arwain carfan Man U i angladd Jimmy.
(*Alamy*)

Codi Cwpan Cynghrair Cymru fel capten Caerfyrddin yn 2005. I'r dde ohonof mae Jimmy James fu farw bedair blynedd yn ddiweddarach.

Paratoi i gicio'r bêl yn yr ail gymal yn ystod gêm anhygoel yn erbyn Longford yng Nghwpan UEFA yn 2005, pan enillon 5-3 ar gyfanswm goliau, wedi i ni golli 2-0 yn y cymal cyntaf.

Mark Jones, rheolwr Caerfyrddin yn dathlu wedi'r fuddugoliaeth yn erbyn Longford. Mae ei gapten blinedig yn y cefndir!

Ar fin dechrau gêm Cwpan UEFA yn erbyn Copenhagen yn Nenmarc. Cyn-chwaraewr Sweden ac Everton, Tobias Linderoth oedd capten Copenhagen.

Ceisio cipio'r bêl oddi wrth chwaraewyr Copenhagen a chyn-chwaraewr rhyngwladol Denmarc, Michael Silberbauer.

Mewn clwstwr o chwaraewyr yn ceisio atal Copenhagen rhag sgorio.

Ar garlam gyda'r bêl, yn chwarae i Gaerfyrddin mewn gêm *derby* yn erbyn Hwlffordd.

Chwarae pêl-droed gyda phlant lleol difreintiedig yn ystod mis mêl yn Laos.

Tad-cu yn darllen y gerdd a ysgrifennais i Arthur ar ei ben-blwydd cyntaf.

Arthur, Evan a fy ngwraig Louise.

gallu ei gyffwrdd. Ei gyfle olaf i ennill Cwpan Ewrop wedi diflannu mewn ffordd mor greulon. Gorweddai chwaraewyr Bayern ar y cae wrth i dîm United ddawnsio o'u blaenau, gyda David May yn *gompere* ar y dathlu. Doedd neb am adael y stadiwm ond roedd rhaid dal yr awyren adref. Daliwyd y bws i'r maes awyr gan daro ar y ffenestri ar y ffordd i gydnabod cefnogwyr y clwb oedd yn dathlu ar strydoedd Barca. Ro'n i'n ysu i gael profiad tebyg ar y cae gyda United. Allwn i ddim fforddio cael tymor tebyg i'r un a fu os o'n i am lwyddo gyda'r clwb. Roedd rhaid i mi osgoi anafiadau a chwarae yn rheolaidd y tymor canlynol er mwyn cael unrhyw gyfle i dorri i fewn i'r garfan anhygoel yma.

Pennod 8

CHWARAEAIS FY NGÊM waethaf mewn crys Man United ar ddechrau tymor 1999/2000, a hynny yn rownd derfynol y Milk Cup. Ro'n i a rhai o chwaraewyr eraill yr ail flwyddyn, yn gymwys i chwarae yn y gystadleuaeth. Derbyniais yr anrhydedd o gael fy newis yn gapten y tîm dan 16 ar gyfer y twrnament – y tro cyntaf i mi wisgo'r *armband* i'r clwb. Fi fyddai'n arwain y llwyth newydd o chwaraewyr ar ddechrau eu gyrfaoedd llawn amser gyda United y tymor hwnnw. Yn eu plith roedd chwaraewr canol cae addawol o'r Alban o'r enw Darren Fletcher. Roedd ddwy flynedd yn iau na fi, ond ymunodd gyda'r clwb yn llawn amser dymor yn gynharach na phawb arall o'i oed oherwydd ei fod wedi gorffen ei addysg yn yr Alban yn gynt. Roedd hyn yn fantais fawr iddo, ac aeth yn ei flaen i chwarae dros 200 o gemau i dîm cynta'r clwb.

Crewe Alexandra oedd y gwrthwynebwyr yn y rownd derfynol, gyda dros 7,000 o gefnogwyr yn bresennol yn y stadiwm. Er nad oedd yn 90,000 fel oedd yn Camp Nou, ar y lefel yma, roedd hi'n dorf sylweddol. Cefnogwyr Man U oedd y rhan fwyaf ohonynt, a daethom i'r gêm yn disgwyl buddugoliaeth, ac yn ffefrynnau amlwg. Teimlwn yn ddiegni o'r gic gyntaf, gan gael fy nal â meddiant o'r bêl cwpl o weithiau, a bron ag ildio dwy gôl. Roedd hi'n 1-1 wedi'r naw deg munud, gyda chyn-chwaraewr rhyngwladol Cymru, David Vaughan, yn sgorio'r gyntaf iddyn nhw. Sgoriodd ymosodwr Crewe y gôl fuddugol yn ystod yr amser ychwanegol. Dyma'r mwyaf isel i mi deimlo wedi gêm. Cafodd fy mhartner yn yr amddiffyn gêm ddisglair yn y ffeinal a gwnaeth hyn i mi deimlo'n waeth. Edrychai Alan Tate o'r flwyddyn gyntaf yn lletchwith ar y cae, ond roedd ganddo gymeriad ac roedd yn gyffyrddus ar y bêl hefyd. Tan hynny ro'n i wedi mwynhau twrnament da, gan sgorio yn y rownd gyn-derfynol. Roedd cymaint o ddisgwyliadau gennyf cyn dechrau'r gystadleuaeth. Dyhëwn am ddilyn trywydd David Beckham, a gododd y gwpan fel capten wyth mlynedd ynghynt, pan enillodd United y gystadleuaeth dan 16 am y tro cyntaf yn ei hanes.

Boddais o dan y pwysau a roddais arnaf fi fy hun i berfformio. Roedd gennyf ffydd yn fy nhalent, ond i lwyddo ar y lefel uchaf mae angen arddangos y dalent yn rheolaidd, yn enwedig yn y gemau 'mawr'. Ro'n i'n euog o fod yn rhy wylaidd ar adegau. Mewn gwirionedd, allwn i ddim dychmygu fy hun yn rhedeg drwy dwnnel Old Trafford gyda'r enw 'Jones' ar gefn crys y tîm cyntaf. Yn anymwybodol, ro'n i eisoes wedi gosod terfyn ar yr hyn oedd yn bosib. Byddwn yn annhebygol o dorri i'r brif garfan os nad oedd hyd yn oed fy nychymyg yn caniatáu hynny.

Mae cynnal lefel gyson o berfformiad uchel yn anodd pan fo rhywun yn llawdrwm arno'i hun. Gosodwn rwystrau diangen o 'mlaen, gan ffocysu ar ffactorau allanol oedd y tu hwnt i'm rheolaeth i raddau, yn hytrach na chanolbwyntio arnaf fi fy hun. Gwastraffwn egni wrth wneud hyn.

'Beth os fydd yr ymosodwr ar dân heddiw?'

'Beth os yw'r hyfforddwr yn gweiddi arnaf?'

'Beth os y ca'i anaf ar y ben-glin eto?'

Poenwn am yr artaith feddyliol a ddilynai petawn yn colli. Ceisiwn reoli'r ffactorau i gyd, er mwyn osgoi'r posibiliad i hynny ddigwydd. Ond i wir werthfawrogi'r fuddugoliaeth, rhaid derbyn colled. Does dim hapusrwydd heb dristwch hefyd. Wrth gwrs, y bwriad yw anelu at ennill, ond hefyd i berfformio gyda rhyddid, yn hytrach na gyda'r tyndra a ddaw o'r ofn o fethu.

Pan berfformiwn ar fy nghorau, roedd sawl nodwedd gyffredin yn perthyn i'r perfformiad. Byddai'r meddwl yn distewi, ac ni allai dim fy nal yn ôl. Gorlifwn gydag egni, gan ymddiried yn fy ngreddf naturiol. Ro'n i'n ysgafn. Ro'n i'n rhydd. Ro'n i'n bresennol. Doedd hynny ddim yn golygu buddugoliaeth bob tro, ond ar lefel bersonol gwyddwn fy mod i wedi rhoi'r cyfle gorau posib i mi a'r tîm lwyddo. Y gwrthwynebydd anoddaf wynebais i erioed ar y cae oedd fi fy hun. Mae hyn yn wir i nifer ohonom mewn bywyd, boed hynny ar y maes chwarae, yn y dosbarth neu yn y gweithle. Gêm syml yw pêl-droed, a bywyd, yn y bôn, ond ro'n i'n cymhlethu pethau. Gosodwn rwystrau oedd yn teimlo'n real ond nad oedd yn bodoli mewn realiti. Ar y noson honno yn ffeinal y Milk Cup chwaraeais yr achlysur ac nid y gêm a chredwn fy mod yn fethiant wrth wylio capten Crewe yn dal y gwpan.

Dychwelais yn ôl i'r garfan dan 19 wedi'r twrnament. Roeddent yn dal i chwarae gemau cyfeillgar, ond wrth ailymuno gyda nhw sylweddolais yn raddol nad oedd y ben-glin yn teimlo'n iawn. Teimlai'n ansefydlog unwaith yn rhagor. Ceisiais ei anwybyddu: efallai taw'r graith fawr ar ochr fy mhen-glin oedd yn creu yr anhawster a'r anesmwythdra. Parheais i ymarfer, tan doedd dim modd parhau. Es yn syth i weld Mr Noble eto ac yn anffodus daeth i'r amlwg fod y llawdriniaeth ar ddechrau'r tymor cynt wedi methu. Byddai'n rhaid dychwelyd i'r ysbyty am lawdriniaeth *keyhole* i gymryd y rhan fwyaf o'r *cartilage* mas. Golygai gyfnod o tua pum wythnos o'r gêm. Doedd hi ddim yn ddiwedd y byd, ond dyma rwystr arall ar fy siwrne. Gwyddwn fod y llawdriniaeth yn debygol o fyrhau fy ngyrfa yn yr hirdymor.

Llwyddais i ddychwelyd erbyn gêm agoriadol y gynghrair ym mis Medi, heb i mi golli gormod o ffydd yn y ben-glin. Dechreuais ddwy o'r tair gêm gyntaf. Cefais fy newis hefyd i chwarae i dîm Cymru dan 18 yng ngemau rhagbrofol Pencampwriaeth Ewrop yn erbyn Georgia, y Swistir a'r Eidal. Yn arwain yr ymosod oedd Robert Earnshaw. Ro'n wedi clywed amdano eisoes. Sgoriodd lond trol o goliau i dîm ieuenctid Caerdydd, cyn cael ei alw i'r tîm cyntaf. Oni bai am Dwight Yorke yn United, o'n i heb gwrdd â rhywun a wenai gymaint ar y cae ac oddi arno. Ro'n i ar y llaw arall yn credu bod rhaid bod yn ddifrifol trwy'r amser er mwyn llwyddo. Roedd Earnie hefyd yn adnabyddus am ddathlu pob gôl gyda *somersault*. Yr unig atgof oedd gennyf o chwaraewyr yn dathlu yn acrobatig ar y pryd oedd Peter Beagrie i Everton yn y 90au cynnar, a hefyd Hugo Sanchez, ymosodwr Mecsico a Real Madrid yn yr 80au a'r 90au cynnar. Ond doedd *somersaults* y ddau ddim mor slic â rhai Earnie. Er yr elfen chwareus i'w bersonoliaeth, roedd hefyd yn benderfynol iawn, a daeth hynny o brofiadau ei blentyndod. Magwyd ef yn Zambia cyn gorfod symud draw i Brydain o Affrica yn 1990 wedi i'w dad farw, ac yntau yn wyth mlwydd oed. Bu'n byw mewn stad cyngor dlawd yng Nghaerffili ac fe'i hamgylchynwyd â themtasiynau cyffuriau a gangiau, ond fe lwyddodd i'w hosgoi, a darganfod rhyddid ar y cae pêl-droed. Ro'n i ar y llaw arall yn fachgen dosbarth canol oedd wedi byw bywyd gweddol ddigynnwrf o'i gymharu ag ef.

Hyfforddwr y tîm oedd gŵr ifanc o'r enw Osian Roberts.

Wyddwn i ddim rhyw lawer amdano cyn ei gyfarfod. Dywedodd un o'r bois ei fod yn chwarae a hyfforddi yn America. Creodd argraff dda o'r dechrau. Roedd yn amlwg wedi astudio'r gêm. Credai yn gryf mewn meithrin steil technegol o chwarae, fel ro'n i wedi arfer yn United. Rhan fawr o'r swydd fel hyfforddwr yw i ysbrydoli'r tîm, a gallai wneud hynny heb godi ei lais. Gadawodd system Cymru am gyfnod i reoli Porthmadog, cyn dychwelyd yn 2007 fel Cyfarwyddwr Technegol Ymddiriedolaeth Pêl-droed Cymru, a hynny ar drothwy un o'r cyfnodau mwyaf llwyddiannus i bêl-droed yng Nghymru wedi blynyddoedd o siomedigaethau.

Ond ni lwyddasom i gyrraedd y rowndiau terfynol. Cawsom fuddugoliaeth yn erbyn Georgia, ond colli yn erbyn y Swistir a'r Eidal. Sgoriais yn y gêm yn erbyn Georgia. Wedi i'r bêl daro'r rhwyd, rhedais yn syth yn ôl i fy safle. Roedd Earnie wedi sgorio eisoes, a do'n i ddim am roi'r cyfle i'r bois fy herio i geisio dynwared ei ddathliadau ef! Mwynheais chwarae i Osian. Byddai yn ein hannog i fod yn greadigol yn y gêm, hyd yn oed pe byddai hynny yn arwain at gamgymeriad. Mae'r wers yn fwy gwerthfawr o ddysgu trwy brofiadau personol, yn hytrach na thrwy brofiadau eraill.

Dychwelais i'r clwb ond doedd y ben-glin dal ddim yn teimlo'n iawn. Roedd yna boen barhaol tu ôl i gap y ben-glin, a doedd y ffisio a Mr Noble ddim yn gallu deall pam. Cefais y drydedd lawdriniaeth i lanhau ac i drimio'r *cartilage* o gwmpas y ben-glin i weld a wnâi hynny wahaniaeth. Yn araf bach roeddwn yn colli ffydd. Y tro hwn allwn i ddim gweld bai ar unrhyw un nac ar ddamwain benodol. Doedd dim eglurhad ac yn y gwagle codai'r amheuon. Efallai nad oedd fy nghorff yn ddigon cryf ar gyfer gyrfa fel pêl-droediwr proffesiynol. Mae'n rhaid fod gwendid ynof.

Byddai'r chwaraewyr eraill yn tynnu arna i am fy *chocolate knee*. Gwisgai'r ffisios siwmperi gyda llythrennau cyntaf eu henwau arnynt. Dechreuodd y bois jocian y dylwn wisgo siwmper gyda 'RJ' arni oherwydd mod i'n treulio cymaint o amser yn ystafell y ffisios. Bod yn chwareus oedden nhw ond ro'n i'n eu credu – efallai taw dyna fy lle i wedi'r cwbl.

Yn y llyfr *Forever Young* soniodd Gary Neville am ei brofiadau ef o ddioddef anafiadau difrifol yn hwyrach yn ei yrfa:

> You feel worthless, you feel like you have no value. You feel embarrassed to speak to your team-mates who are out fighting for the club every week. You're going to the gym to do another hour on the bike and it's a lonely, lonely place. I can't think of any other profession or walk of life where you have to go to work every day when you're not physically able to do your job. I can't imagine what it must be like for a young player away from home in that situation. And if it's in your development years, when you've got younger players catching up with you, overtaking you, that must be a very lonely situation.

Gallaf uniaethu gyda'i eiriau. Y gwahaniaeth rhyngof fi a rhywun fel Gary Neville oedd ei fod e eisoes wedi torri i'r tîm cyntaf ac wedi profi ei hun cyn i'r anafiadau difrifol ei daro. Er yn rhwystredig iddo, roedd yn agos i'r uchelfannau yn ei yrfa, tra ro'n i'n parhau yn y gwaelodion, gyda'r anafiadau cyson i'r ben-glin yn fy maglu ac yn gosod niwl rhyngof i a'r copa.

Y chwaraewr gorau i mi ei weld yn ystod fy mywyd i hyd y pwynt hwn oedd yr ymosodwr Ronaldo o Frasil. Roedd ganddo gyfuniad arbennig o bŵer, sgil, nerth, ystwythder a chyflymder. Enwyd ef fel Chwaraewr Gorau'r Byd ddwywaith a hynny cyn ei fod yn 21 mlwydd oed. Yn 1999 anafodd ei ben-glin wrth chwarae i Inter Milan. Treuliodd ddwy flynedd heb chwarae dim wrth frwydro i wella o'r anaf.

Llwyddodd i ddychwelyd yn 2002 i ennill Cwpan y Byd, ac fe'i henwyd fel Chwaraewr Gorau'r Byd am y trydydd tro. Cododd torf Old Trafford i'w thraed a'i glapio o'r cae wedi ei hat-tric wefreiddiol yn erbyn United yng Nghynghrair y Pencampwr yn 2003. Roedd yn parhau i fod yr ymosodwr gorau yn y byd, ond doedd e ddim yr un chwaraewr wedi'r anaf i'w ben-glin. Er ei lwyddiannau ysgubol collodd y cyfle i wireddu'r holl botensial aruthrol oedd ganddo. Mewn cyfweliad yn 2019 gofynnwyd i Jose Mourinho pwy oedd y chwaraewr gorau erioed. A'i ateb:

> Cristiano Ronaldo and Leo Messi have had longer careers, they have remained at the top every day for 15 years. However, if we are talking strictly about talent and skill, nobody surpasses Ronaldo [Nazario]. When he was at Barcelona with Bobby Robson, I realised that he was the best player I'd ever seen take to the field. Injuries killed a career that could have been even more incredible, but the talent that that 19-year-old boy had was something incredible.

Dioddefodd Ronaldo gyda'i ben-glin tua'r un cyfnod â mi. Ro'n i'n ymwybodol o sawl chwaraewr oedd wedi anafu eu pen-gliniau a byth wedi gwella'n gyfan gwbl. Ymunodd yr ymosodwr o'r Eidal, Pierluigi Casiraghi â Chelsea am £5.4 miliwn yn 1998, ond anafodd ei *cruciate ligament* yn gynnar yn ei yrfa gyda'r clwb. Ni wellhaodd yn iawn, a gorfu iddo ymddeol o'r gêm yn gyfan gwbl yn 2000 wedi deg llawdriniaeth i'w ben-glin.

Yn United roedd yr asgellwr o Sweden, Jesper Blomqvist a ddechreuodd yng ngêm derfynol Cynghrair y Pencampwr yn erbyn Bayern Munich, hefyd yn ceisio gwella o anaf a ddioddefodd i'w ben-glin. Roedd Jesper yn wyneb cyfarwydd i mi yn y gampfa wrth i ni'n dau geisio gwella o'n hanafiadau. O leia' roedd y ddau ohonom erbyn hyn yn gallu edrych drwy'r ffenestri wrth ymarfer. Roedd y clwb wedi penderfynu symud i ganolfan ymarfer crand newydd. Erbyn dechrau'r ganrif teimlai Syr Alex fod y clwb wedi tyfu'n rhy fawr i'r Cliff a bod angen cyfleusterau gwell ar y chwaraewyr i ddatblygu ymhellach. Poenai hefyd fod y Cliff bellach yn rhy agored i'r cyhoedd. Gallai gohebwyr a sgowtiaid o dimoedd eraill sbio ar sesiynau ymarfer y tîm yn rhy hawdd. Roedd y ganolfan yn Carrington yn anhygoel, ond teimlwn hefyd ein bod wedi colli'r cymeriad oedd yn rhan annatod o'r Cliff. Amgylchynid y ganolfan yn Carrington gan ffens ddiogelwch fawr. Cyn cyrraedd y gatiau roedd rhaid gyrru ar hyd lôn breifat tua hanner milltir o hyd. Roedd y cyfleusterau i chwaraewyr oedd wedi anafu yn well. Ar gyfer sesiynau nofio ro'n i'n arfer mynd i bwll nofio lleol, ond roedd pwll 25 metr o hyd, ynghyd â phyllau *hydrotherapi* yn y ganolfan newydd. Roedd yna neuadd fawr lle gellid chwarae gemau hoci a phêl-fasged. Serennai Jesper yn y gemau hoci, nad oedd yn fawr o syndod wedi i ni ddarganfod ei fod yn chwaraewr hoci iâ addawol yn Sweden yn grwt. Yn anffodus ni ddychwelodd Jesper i'r tîm cyntaf wedi dwy flynedd gydag anafiadau. Y gêm yn Camp Nou oedd ei ymddangosiad olaf yng nghrys United. Ymunodd gyda Everton ond nid oedd cystal chwaraewyr ag a fu wedi'r holl anafiadau.

Roedd y ganolfan ymarfer newydd tua hanner awr o Salford. Golygai hyn bod rhaid i Marek a finnau symud i *digs* oedd yn agosach at y ganolfan. Roedd hi'n anodd ffarwelio gyda Rita a hithau wedi bod mor gefnogol i'r ddau ohonom wrth i ni adael cartref am y tro cyntaf. Roedd y *digs* newydd yn fwy moethus, ond ro'n i wedi dod i arfer gyda thŷ bach teras *two up two down* Rita. Roedd y *landlady* newydd yn ddigon pleserus, ond roedd yn fwy llym gyda'r diet. Berwodd bopeth a osododd ar ein platiau, a diflannodd y Manchester Tart o'r fwydlen. Byddai Marek a finnau yn bwyta'r bwyd i gyd yn gwrtais a dweud ein bod yn mynd am sbin. Roedd Marek newydd brynu ei gar cyntaf. Aem yn syth i'r *drive thru* yn *McDonalds* i dopio'r calorïau.

Llwyddais i ddychwelyd i'r cae am yr ail dro, a hynny cyn i'r tymor orffen. Gornest leol oedd y gêm gyntaf yn erbyn Man City, a llwyddon ni i guro 2-1. Roedd criw camera yn fy nilyn ar y pryd ar gyfer rhaglen ddogfen ar S4C. Synnais i fod y clwb wedi rhoi caniatâd iddyn nhw ffilmio yn y lle cyntaf gan gofio pa mor warcheidiol oedd y clwb o'i chwaraewyr ifanc. Ro'n i'n dal i fod ar gyflog ysgolor, felly gwerthfawrogais yr arian ychwanegol, ac ni wnaeth y criw ffilmio ymyrryd yn ormodol ar fy nhrefn arferol ar y pryd.

Roedd pedair gêm yn weddill o'r gynghrair ac fe chwaraeais ymhob un ohonynt. Enillon ni dair gyda gêm gyfartal yn y llall. Yn anffodus doedd dim rownd arall o'r FA Youth Cup ar y gorwel. Collodd y tîm ieuenctid adref 2-1 yn y drydedd rownd yn erbyn Nottingham Forest, gyda'u chwaraewr canol cae ifanc disglair Jermaine Jenas yn serennu. Chwaraewyd y gemau cartref yn stadiwm Gigg Lane sef cartref Bury FC. Yn arferol byddai gemau cartref yn yr FA Youth Cup yn cael eu cynnal yn Old Trafford, ond roedd Syr Alex yn poeni am gyflwr y cae, felly lleihaodd nifer y gemau a chwaraeid yno. Bellach chwaraeai yr ail dîm eu gemau yn Gigg Lane hefyd. Petai'r tîm ieuenctid wedi cyrraedd y rowndiau terfynol buaswn wedi cael y cyfle i chwarae ar gae Old Trafford, ond diflannodd y cyfle wedi'r drydedd rownd. Teimlwn yn rhwystredig wrth wylio'r gêm honno yn yr eisteddle. Ro'n i'n siomedig oherwydd diflannodd y cyfle i chwarae mewn cystadleuaeth mor anrhydeddus â'r Youth Cup, a hefyd roedd y cyfle o chwarae ar gae Old Trafford yn crebachu.

Roedd cyfle i serennu yn y *playoffs*. Leeds oedd y gwrthwynebwyr yn y rownd gyntaf a rhoddon ni gweir

6-1 iddynt. West Ham oddi cartref yn Upton Park oedd nesaf. Unwaith yn rhagor ro'n i'n lwcus na fyddai angen i ni wynebu Joe Cole. Roedd wedi torri i dîm cyntaf West Ham erbyn hyn, ac yntau yn ddim ond 18 mlwydd oed. Yn ei absenoldeb roedd yna chwaraewr arall dawnus yn barod i serennu iddyn nhw. Roedd ganddynt chwaraewr taclus yng nghanol cae o'r enw Leon Britton, a aeth yn ei flaen i fwynhau gyrfa hir gydag Abertawe, ond yn anffodus i mi un o'u hymosodwyr oedd seren y sioe. Cafodd dri hanner cyfle, a sgoriodd gyda phob ergyd. Nid fi oedd yr amddiffynnwr olaf i ddioddef wrth wynebu Jermain Defoe. Aeth yn ei flaen i sgorio dros 150 o goliau yn Uwch Gynghrair Lloegr, gan gynnwys 20 gôl i'w wlad. Colli o 5-0 wnaethon ni y prynhawn hwnnw.

Roedd hi'n amlwg o'r canlyniad na pherfformiodd y tîm yn dda, ond ches i ddim gêm mor wael â hynny. Wnes i ddim gwneud unrhyw gamgymeriadau amlwg, ond ro'n i wedi colli ychydig bach o sioncrwydd wedi'r llawdriniaethau. Doedd dim modd cuddio hynny pan wynebwn ymosodwr fel Defoe. Unwaith eto, gorffennodd y tymor yn rhy gynnar ac ar nodyn isel. Chwaraeais naw gêm gynghrair y tymor hwnnw – dim llawer gwell na'r tymor cynt. Roedd tymor olaf fy nghytundeb yn mynd i fod yn dyngedfennol.

Pennod 9

WEDI'R GWYLIAU, DYCHWELAIS mewn hwyliau da ac yn barod am y sialens oedd o'm blaen; ond cefais siom wrth gerdded i'r ystafell newid. Heb unrhyw esboniad, symudwyd pump o chwaraewyr o 'mlwyddyn i i ystafell newid yr ail dîm, a doeddwn i ddim yn un ohonynt.

Roedd hi'n amlwg nad oedd y penderfyniad wedi cael ei wneud ar hap. Symudwyd Bojan Djordjic, a oedd wedi ei enwi fel chwaraewr gorau'r tîm ieuenctid y tymor blaenorol. Diflannodd chwerthin Jimmy o'r ystafell newid, a hefyd yn fwy perthnasol i mi fe symudwyd Alan McDermott, fy mhartner yng nghanol yr amddiffyn.

Roedd hi'n sefyllfa annifyr i'r criw ohonom a arhosodd yn ystafell newid y tîm ieuenctid. Roedd y weithred yn arwydd clir i mi. Dydw i ddim yn un am bwdu, ond eto do'n i ddim am aros os nad oedd dyfodol gen i yn y clwb. Gwyddwn fod yr holl lawdriniaethau yn debygol o fyrhau fy ngyrfa, felly do'n i ddim am wastraffu mwy o amser. Y tymor cynt, cysylltodd Ian Holloway, rheolwr Bristol Rovers, â'r clwb i holi a fyddai modd i mi fynd ar fenthyg atynt. Roedden nhw'n mwynhau tymor da, ac yn eistedd yn hanner uwch Ail Gynghrair Lloegr ar y pryd. Gwrthodwyd y cynnig oherwydd roedd y clwb am i mi ganolbwyntio ar fy ngyrfa gyda nhw. Ar y pryd, ro'n i'n parchu'r penderfyniad ond erbyn hyn, ro'n i'n rhwystredig. Gofynnais am weld Dave yr hyfforddwr a dywedais fy mod am adael y clwb. Fe'i synnwyd gan y cais ond soniodd y byddai'n trafod y mater gyda Syr Alex.

O fewn wythnos, sylweddolais fy mod wedi bod yn fyrbwyll. Doedd gen i ddim asiant i'm cynghori, ac wrth drafod ymhellach gyda Mam a Dad penderfynais geisio aros yn y clwb. Doedd United ddim wedi gweld fy nhalent yn gyson, a rhaid oedd dangos fod y ben-glin yn gallu gwrthsefyll rhediad hir o gemau. Rhaid oedd newid barn y clwb trwy fy mherfformiadau ar y cae. Trafodais gyda Dave a chytunwyd y byddwn yn aros. Gwyddwn bellach y byddai rhaid i mi berfformio'n gyson er mwyn ei ad-dalu am roi cyfle arall i mi. Dydw i ddim yn ymwybodol a wnaeth y cais i adael gyrraedd desg Syr Alex erioed. Nid llawer o chwaraewyr sydd yn gofyn i adael Man U. Efallai dyna pam y teimlwyd nad oedd angen esboniad arnom ynglŷn â'r newid trefn yn yr ystafell newid. Rhagolygon y clwb, nid pryderon yr unigolyn oedd yn bwysig yn y pen draw.

Llwyddais i osgoi anaf ddifrifol cyn i'r gynghrair ddechrau. Gwnâi hynny fyd o wahaniaeth i chwaraewr, oherwydd rhoddai sylfaen gref o ffitrwydd ar gyfer y tymor i ddod. Byddwn yn gwneud ymarferion penodol yn y gampfa i gadw'r cyhyrau o gwmpas y ben-glin yn gryf ac yn ystwyth ac er mwyn ei chadw'n sefydlog. Tydi'r goes dde ddim wedi teimlo yr un fath â'r goes chwith ers yr holl lawdriniaethau. Er yr holl sgwats a chodi pwysau i adeiladau'r cyhyrau mae hi wedi teimlo'n wannach. Roeddwn wedi dod i dermau â hynny, a dechreuais gêm gyntaf y gynghrair a hynny am y tro cyntaf ers i mi fod yno. Chwaraeais fwy o gemau cynghrair erbyn y Nadolig na'r hyn a lwyddais i chwarae trwy gydol y ddau dymor cynt. Byddwn yn cael cyfarfodydd yn aml gyda Dave i drafod fy mherfformiadau. Ymddangosai'n blês

gyda'r ffordd ro'n i'n chwarae. Roedd gennyf fomentwm
o'r diwedd, ac er nad o'n i'n gystal chwaraewr ers yr holl
llawdriniaethau, doedd fy mhen-glin ddim yn fy mhoeni yn
ormodol. Y neges oedd i ddal ati.

Ro'n i'n gymwys unwaith yn rhagor i chwarae i dîm dan
18 Cymru yng ngemau rhagbrofol Pencampwriaeth Ewrop.
Slofacia a Latfia oedd y gwrthwynebwyr y tro hwn. Ro'n
i'n gresynu nad oedd Osian o gwmpas bellach, ond ro'n i'n
edrych ymlaen at weld sut un oedd y rheolwr newydd. Neville
Southall oedd un o fy arwyr wrth i mi dyfu i fyny. Bu'n gôl-
geidwad anhygoel i Everton ac i Gymru dros y blynyddoedd.
Er yn 42 mlwydd oed erbyn hyn, byddai'n parhau i wisgo'r
menig yn awr ac yn y man. Chwaraeai yn yr is-gynghreiriau
ar y pryd, ond roedd rheoli y tîm dan 18 yn gam cyntaf
pendant iddo i fyd rheoli. Ar wahân i'r arbedion gwych, fy
mhrif atgof ohono oedd ei wylio yn gwrthod dychwelyd i'r
ystafell newid yn ystod hanner amser, wedi i Everton ildio
tair gôl yn yr hanner cyntaf mewn gêm yn erbyn Leeds.
Eisteddodd i lawr ar y cae gan bwyso ei gefn ar y postyn.
Wyddwn i ddim beth i ddisgwyl ohono fel rheolwr, ond
daeth hynny'n fwy amlwg wedi ei araith cyn y gêm gyntaf,
oherwydd fe'n cyfarwyddwyd i gicio chwaraewyr Slofacia.
Derbyniasom wers pêl-droed gan y chwaraewyr o Ddwyrain
Ewrop, gan ildio dwy gôl yn yr hanner cyntaf. Diflannodd
Big Nev lawr y twnnel wedi'r chwiban. Doedd dim siawns y
byddai'n aros ar y cae y tro hwn. Disgwyliai amdanon yn yr
ystafell newid, gan fynd trwy'r tîm yn unigol.

'You are not playing for the shirt!'

'You don't want it enough!'

'You aren't getting near them!'

Pwyntiau dilys, ond roedden nhw'n dîm technegol
a chyffyrddus ar y bêl. Hawdd ydi ymosod ar agwedd
chwaraewyr, ond weithiau rhaid i hyfforddwr edrych ar

siâp ei dactegau hefyd. Roedd rhai o'n chwaraewyr yn chwarae yn y safle anghywir – James Collins o Gaerdydd oedd yn arwain yr ymosod. Aeth yn ei flaen i ennill dros 50 o gapiau i'r tîm rhyngwladol fel amddiffynnwr canol! Ro'n i'n parhau i barchu ac edmygu Neville, ond efallai nad oedd yn siwtio'r byd rheoli.

Ym mis Ionawr y flwyddyn honno, dathlais fy mhen-blwydd yn ddeunaw. Ro'n i'n oedolyn yn swyddogol. Gallwn bleidleisio, gallwn gael fy newis i fod ar reithgor, ynghyd ag ysgrifennu fy ewyllys. Yn fwy perthnasol i'r ystafell newid, gallwn gael tatŵ nawr, petawn yn dymuno. Doedd yr awydd i gael un ddim yn gryf. Cawn fy atgoffa'n ddyddiol pam nad oedd yn apelio hefyd. Ymosodwr hyderus yn yr ail flwyddyn oedd Daniel Nardiello. Roedd Nards eisoes wedi cynrychioli timoedd Lloegr dan 15 ac 16 ond ni arhosodd yn ffyddlon i grys y tri llew am weddill ei yrfa. Ganed ei dad, Donato, a chwaraeodd yn y 70au yn yr un tîm Coventry â chyn-reolwr Cymru Terry Yorath, yn sir Aberteifi. Aeth yn ei flaen i ennill dau gap i Gymru. Er i'w fab gael ei eni yn Lloegr, penderfynodd Daniel ddilyn trywydd ei dad wrth gynrychioli Cymru ar y lefel ryngwladol. Ond efallai y dylai Cymdeithas Bêl-droed Cymru fod wedi tsiecio ei ysgwydd yn hytrach na'i dystysgrif geni cyn ei alw i'r garfan. Deilliai nain a taid Daniel o'r Eidal, ac ar ei ysgwydd roedd tatŵ o faner yr Eidal, gyda'r geiriau 'Italian Stallion' wedi ei sgwiglo uwch ei phen. Roedd y tatŵ'n echrydus. Tynnodd ei dop bant i ddangos i'r bois. Roedd Nards yn falch ohono, ond diflannodd y wên, wrth i'r bois ei rwygo i bishys gyda'r bantyr.

Roedd hi'n rhwystredig troi'n ddeunaw yn gynnar yn y flwyddyn oherwydd golygai gyfnod hir o aros am barti Nadolig y tîm cyntaf. Roedd y parti'n agored i chwaraewyr y clwb a oedd yn ddeunaw neu hŷn. Derbyniasom amlen yn yr ystafell newid gan y trefnwyr Dwight Yorke ac Andy Cole. Ynddi roedd y gwahoddiad:

You are invited to attend Manchester United's Official
Christmas Party at Tiger Tiger at 8pm
No wives and girlfriends allowed

Digon teg meddyliais, cyfle i'r bois fondio yn unig fyddai hwn. Cawsom ymarfer yn y bore, cyn cael ein hesgusodi ar gyfer y prynhawn. Doedd y parti ffurfiol ddim yn dechrau tan yr hwyr, ond roedd chwaraewyr y tîm cyntaf am gael bach o sesh yn y prynhawn hefyd. Rhuthrasom yn ôl i'r *digs* er mwyn gwisgo'n dillad gorau. Do'n i ddim am edrych mas o le ymysg dillad drud chwaraewyr y tîm cyntaf. Trawodd un o'r bechgyn ei gar wrth ruthro adref yn ei gynnwrf, collodd reolaeth ar ei gar ar gornel ger y ganolfan hamdden a gyrru'n syth i fewn i'r berth. Stopiodd Marek a finnau wrth y ddamwain, gan lygadu'r oriawr ar yr un pryd. Yn ffodus ni ddioddefodd unrhyw anafiadau difrifol, ond dywedodd y clwb na châi fynychu'r parti.

A finnau yn ddeunaw, gallwn archebu diod alcoholig, ond doedd dim rhaid i mi agor fy waled y diwrnod hwnnw. Rhoddodd Gary Neville ei garden y tu ôl i'r bar. Nid bar ffansi oedd hwn ond tafarn Wyddelig lwm, wedi ei lleoli i lawr strydoedd cefn canol y ddinas mewn ardal ddigon anghysbell. Doedd y chwaraewyr ddim am ddenu gormod o sylw. Roeddwn wedi gor-wisgo o edrych ar stad y tîm cyntaf. Gwisgai Beckham grys-t wedi ei orchuddio gyda thyllau mân. Roedd siŵr o fod wedi gwario ffortiwn ar yr holl dyllau!

Roeddem oll dan effaith diod wrth i ni igam-ogamu trwy'r llwybrau cefn i gyrraedd Tiger Tiger. Fe'n croesawyd gan fflachiadau y paparatsi. Baglodd y chwaraewyr ifanc amhrofiadol heibio. Ond roedd chwaraewyr y tîm cyntaf yn hen bennau yn y fath sefyllfa. Dyma frasgamu i fewn heb roi unrhyw arwydd i'r ffotograffwyr eu bod yn feddw.

Roedd y clwb nos yn orlawn gyda merched ifanc pert, yn gwisgo'r nesaf peth i ddim. Tynnais y tocyn o'm poced er mwyn ei ail tsiecio i weld nad o'n i wedi gwneud camgymeriad. Wedi derbyn y gwahoddiad dywedais wrth Charlotte fy nghariad nad oedd hi'n cael dod. Roedd y cyfarwyddyd yn glir ar y gwahoddiad, 'No wives and girlfriends allowed' – ond ni ddywedai nad oedd croeso i *BOB UN* menyw.

Roedd Yorke a Cole yn bartneriaeth beryglus ar y cae yn sgorio llond het o goliau, ond roedden nhw hyd yn oed yn fwy peryglus ar strydoedd Manceinion. Roedd gan Dwight enw fel bach o *playboy* gyda'r papurau'n llawn sïon ei fod yn mynd mas gyda'r model Jordan, Katie Price, ar y pryd. Yn yr wythnosau yn arwain at y parti, roedd Yorke a Cole, ynghyd â'r amddiffynnwr Wes Brown wedi bod yn chwilota am ferched pert o gwmpas y ddinas gyda'r gwahoddiadau yn cael eu taflu fel conffeti i'r merched dewisedig!

Do'n i ddim yn ymwybodol o hynny wrth gerdded i fewn. Edrychais at chwaraewyr y tîm cyntaf am esboniad i'r dirgelwch. Bys dros y geg oedd yr unig ymateb. Roedd chwaraewyr y tîm cyntaf yn rhydd i grwydro. Dechreuodd y *dancefloor* lenwi, ac ymhen ychydig roedd hi'n bownsian. Syllais ar fwth y DJ i weld pwy oedd yn gyfrifol am y tiwns gafaelgar. Gwelais amlinelliad gŵr adnabyddus yn chwifio ei freichiau â'i gwrls du slic yn dawnsio yn y twyllwch. Yn sbinio'r recordiau ac yn tywys pawb i'r uchelfannau roedd DJ Giggs. Ei fysedd yn hytrach na'i draed swynai'r dorf y noson honno.

Roedd pob un yn nyrsio cur pen yn y ganolfan ymarfer drannoeth. Byseddais y *tabloids* a gwelais luniau o'r noson yn y papur. Roedd lluniau o'r merched dieithr wedi'u plastro dros y tudalennau. Doedd dim clem gen i sut oedd chwaraewyr y tîm cyntaf yn gallu esbonio hynny i'w gwragedd a'u cariadon. Roedd Charlotte yn brysur yn ysgrifennu traethawd, felly ni ddarllenodd hi ddim byd am y noson. Bihafiais yn y clwb nos, p'run bynnag.

Yn un o'r papurau roedd erthygl am David Beckham. Datgelodd yr erthygl ei fod wedi mwynhau noson mas yn Llundain gyda Posh Spice – yr un noson â'r parti Nadolig. Mae'n rhaid bod y newyddiadurwr wedi drysu'r dyddiadau meddyliais. Yna craffais eto ar y llun o Becks a Posh gyda'i gilydd – roedd yn gwisgo yr un crys ag a wisgai ar y noson mas gyda ni – doedd dim modd anghofio'r crys-t gyda'r tyllau ar frys! Meddyliais yn ôl i'r noson – gwelsom Becks yn mynd i fewn i Tiger Tiger ond doedd dim cof gen i o'i weld wedi hynny. Y si oedd fod Beckham wedi ffarwelio gyda'r grŵp ac wedi dal awyren breifat i Lundain gan barhau gyda'i noson mas yno.

Ar y cae roedd pethau yn parhau i symud yn y cyfeiriad cywir ar lefel bersonol. Gorffennodd y ffilmio ar gyfer y rhaglen ddogfen ddechrau mis Rhagfyr. Bu yna ddiweddglo bron yn berffaith i'r stori. Cyn i'r ffilmio ddod i ben, cefais fy newis i garfan yr ail dîm am y tro cyntaf. Yn anffodus arhosais ar y fainc ar gyfer yr ornest leol yn erbyn Manchester City. Bu saib yn y gynghrair dan 19 dros y Nadolig. Golygai hyn fod modd i'r chwaraewyr yn y *digs* ddychwelyd adref i fwynhau'r dathliadau. Darlledwyd y rhaglen ar S4C dros gyfnod y Nadolig. Ynddi roedd cyfweliadau gyda fy nheulu yn sôn am eu balchder ohonof, ynghyd â chyfweliadau gyda Dave a Syr Alex. Siaradodd y ddau yn hael amdanaf.

Dychwelais i'r clwb yn y flwyddyn newydd gyda'r bwriad o ennill lle rheolaidd yng ngharfan yr ail dîm. Yn fuan roedd rheswm i ddathlu wrth i mi ddod ymlaen i'r cae fel eilydd i chwarae nesaf i David May yn yr amddiffyn, wrth i ni guro Leeds 3-0. Ar y pryd roedd sawl chwaraewr o'r tîm cyntaf yn dychwelyd o anafiadau. Roedd Syr Alex yn awyddus i'w cael yn ôl yn y tîm cyn gynted â phosib. Trefnwyd gêm gyfeillgar yn erbyn Rochdale yn y ganolfan ymarfer yn Carrington gyda'r gatiau ar glo i gefnogwyr. Roedd y garfan yn gymysgedd o chwaraewyr y tîm cyntaf a chwaraewyr yr ail dîm. Des ymlaen i'r cae fel cefnwr chwith yn ystod y gêm. Gwireddais freuddwyd wrth i Jaap Stam chwarae nesaf i mi yn yr amddiffyn. Chwaraeodd Nicky Butt yng nghanol y cae a Teddy Sheringham ac Andy Cole yn yr ymosod y prynhawn hwnnw. Teimlwn yn gyffyrddus ar y cae. Ro'n i'n fwy nerfus wrth chwarae i'r tîm dan 19. Roedd disgwyl i mi serennu wrth chwarae i'r tîm dan 19; bonws fyddai perfformiad da ar y lefel yma.

Mae natur bywyd fel pêl-droediwr yn ansicr. Mae rhywun yn ymwybodol fod yr ystadegau i lwyddo yn y maes yn ei erbyn o'r dechrau. Hyd yn oed os yw rhywun yn llwyddiannus, fydd hi ddim yn yrfa fydd yn para am weddill oes. Ac mae'r anafiadau mawr yn fygythiad parhaus yn y cefndir. Ond dyma oedd y freuddwyd.

Mae traddodiad ymysg mynachod Bwdhaeth Tibet o greu mân dyrrau mawr cywrain a phrydferth o dywod lliwgar, ac yna eu dinistrio yn fuan wedi gorffen. Diben hyn yw adlewyrchu byrhoedledd bywyd. Wythnos wedi chwarae gyda Jaap, derbyniais gyfarwyddyd wrth gyrraedd y ganolfan ymarfer yn y bore. Roedd y *gaffer* eisiau cyfarfod gyda chwaraewyr y drydedd flwyddyn fesul un yn ei swyddfa.

Pennod 10

ROEDD YR YSTAFELL gemau, lle roedd ein hyfforddwr wedi gofyn i ni gasglu, wedi ei lleoli i lawr y coridor o swyddfa Syr Alex. Ni chafwyd cadarnhad pam fod Syr Alex am ein gweld, ond roedden ni'n gwybod pam ein bod yno. Roedd y chwaraewyr yn fwy distaw nag arfer wrth chwarae tenis bwrdd y bore hwnnw.

Do'n i ddim yn poeni'n ormodol – doedd Dave yr hyfforddwr ddim wedi sôn yn ein cyfarfodydd unigol am unrhyw agwedd benodol o'm chwarae y dylwn wella arni. Roedd llawer o waith o'm blaen o hyd, ond ro'n i ar y trywydd cywir, ac yn cnocio ar ddrws yr ail dîm. Teimlwn mod i wedi cyflawni'r hyn ofynnwyd i mi wneud ar y cae. Ar sail hynny disgwyliwn gael blwyddyn o estyniad ar fy nghytundeb. Er mod i wedi gofyn i adael ar ddechrau'r tymor, wnes i ddim ystyried gadael y clwb o ddifri.

Do'n i ddim yn ymwneud â Syr Alex rhyw lawer ar y cae pêl-droed. Byddwn yn ei weld o gwmpas y ganolfan ymarfer yn aml yn ei fflip-fflops. Roedd yn garismatig, gyda phresenoldeb mawr. Pan gerddai i fewn i ystafell byddai ei lais Albanaidd bob amser yn uwch na phawb arall. Ffordd o osod ei awdurdod ar yr amgylchedd o'i gwmpas, efallai. Mewn podlediad yn 2018 datgelodd Gary Neville fod Syr Alex yn sefyll yn y twnnel cyn pob gêm, gan ysgwyd llaw pob un o'r chwaraewyr ond sylweddolodd Neville fod yna bwrpas arall i hyn:

I didn't realise until I was captain that what he was doing, he was looking down the tunnel so the opposition players saw him and the referee saw him. It's a bit of intimidation. He was an overpowering figure. This idea of winning in the tunnel before you've even gone out on the pitch, there was an element of that with him in terms of the psychology.

Roedd cof anhygoel ganddo. Petai'n llwybrau'n croesi ar y coridor, byddai'n stopio i ofyn am Mam a Dad a hyd yn oed am fy mrawd – gan gofio eu henwau. Roedd ei sylw at fanylder yn rhan fawr o'i lwyddiant yn y clwb. Fe oedd y gŵr a wnaeth fy nghroesawu i'r clwb flynyddoedd ynghynt yn ei swyddfa yn Old Trafford. Yn amlwg, teimlai ddyletswydd i hysbysu chwaraewyr am eu dyfodol yn y clwb.

Galwyd y bechgyn o'r ystafell fesul un gan Dave. Chwiliwn am batrwm. Teimlwn fod tri chwaraewr yn sicr o dderbyn cytundeb newydd – Bojan, Jimmy a hefyd ei bartner yn yr ymosod, Danny Webber. Ond aem o'r ystafell ar hap. Fi oedd un o'r rhai olaf i fynd i fewn. Wyddwn i ddim beth oedd wedi digwydd i'r gweddill oherwydd ni ddychwelodd unrhyw un i'r ystafell gemau.

'Rhod, the gaffer is ready to see you.'

Mwynheais berthynas dda gyda Dave dros y blynyddoedd. Doedd ddim yn un i weiddi yn ormodol, roedd yn ddyn parchus a byddai'n fy nhrin fel oedolyn. Ond ni allai edrych i ddyfnderoedd fy llygaid wrth fy nhywys i swyddfa'r gaffer. Cerddason i lawr y coridor mewn distawrwydd. Cnociodd ar y drws, a gadael i mi fynd mewn i wynebu Syr Alex ar ben fy hun. Do'n i ddim wedi bod yn ei swyddfa o'r blaen ac alla i ddim cofio dim byd am y dodrefn, nac am unrhyw wrthrychau eraill yn yr ystafell. Gallai rhestr o'r chwaraewyr roedd am eu harwyddo fod wedi eu gosod ar y wal o fy mlaen a fuaswn i heb sylwi ar ddim. Fy unig ffocws oedd desg Syr Alex a'r olwg ddifrifol ar ei wyneb. Nid golygfa mewn rhaglen deledu adloniadol oedd hon, lle mae'r beirniaid yn esgus bod yn drist cyn torri'r newyddion da. Gwyddwn cyn iddo yngan gair fod fy mreuddwyd yn United ar ben.

Roedd clywed y geiriau'n dod o geg y gaffer yn hytrach na Dave yn golygu bod y gwymp yn galetach. Syr Alex oedd un o fy arwyr ers i mi fod yn bum mlwydd oed. Pan ddywedodd nad oedd y clwb yn mynd i ymestyn fy nghytundeb, dehonglais hynny i olygu 'you are not good enough' – hynny yw fy mod wedi methu fel person yn ogystal â phêl-droediwr. Wrth edrych yn ôl, dwi'n meddwl i mi ddioddef elfen o drawma y bore hwnnw. Roedd yr olygfa a'r geiriau yn ormod i mi brosesu fel crwtyn pedair ar bymtheg oed. Treiddiodd y syniad o fod 'ddim digon da' i graidd fy modolaeth, lle byddai'n glynu am flynyddoedd i ddod, gan lygru rhai o brofiadau fy mywyd.

Wyddwn i ddim lle i fynd wrth adael ei swyddfa. Teimlwn y dagrau yn cronni. Mewn eiliad, roedd y newyddion wedi taflu cysgod tywyll dros yr adeilad i gyd: teimlais fel dyn dieithr yno, fel nad oedd dim croeso i mi yno bellach. Edrychais ar y bathodyn ar fy nghrys ymarfer – teimlai fel petai fforc y diafol wedi cael ei phlymio i mewn i 'nghalon. Dychwelais i'r ystafell gemau i guddio, ond roedd gweddill y bechgyn wedi ymgynnull yno eisoes. Y pump chwaraewr a symudwyd i ystafell newid yr ail dîm ar ddechrau'r tymor dderbyniodd gytundebau newydd. Docdd dim modd atal y dagrau rhag llifo. Daeth Jimmy a Danny draw ataf i gydymdeimlo. Parhau fyddai'r freuddwyd iddyn nhw, ond yn y foment honno, teimladau eu ffrind oedd bwysicaf. Roedd hi'n sefyllfa annifyr i bawb.

Dychwelodd Marek a finnau i'r *digs* – y ddau ohonom yn yr un cwch wedi iddo yntau gael yr un newyddion â fi. Roedd y cloc yn dechrau tician a byddem yn ffarwelio gyda'n gilydd o fewn ychydig fisoedd. Mis Chwefror oedd hi ond doedd ein cytundebau ddim yn gorffen tan ddiwedd Mehefin. Roedd hynny yn rhoi digon o amser i ni ddarganfod clwb arall – ond doedd Marek na finnau ddim yn meddwl am hynny y diwrnod hwnnw. Roeddem wedi rhannu tair blynedd dyngedfennol o'n bywydau gyda'n gilydd. Buom yn gefn i'n gilydd wrth orfod gadael cartref yn fechgyn ifanc, gan addasu i'r ymarfer dwys, tra'n bod ar yr un pryd yn dygymod gyda'r hiraeth am adref. Aethom am sawl peint gyda'n gilydd y noson honno.

Ro'n i'n dal i orfod ymarfer gyda'r tîm, gan wybod fod y diwedd ar y gorwel i sawl un ohonom. Mae'r cymhelliant i ymarfer yn ddyddiol o dan yr amgylchiadau yna yn galed ar unigolyn ifanc. Wythnos yn ddiweddarach, cefais fy newis i ddechrau i'r ail dîm am y tro cyntaf yn erbyn Aston Villa. Allwn i ddim deall y rhesymeg tu ôl i'r penderfyniad: beth oedd y pwynt os nad oedd dyfodol i mi yn y clwb? Dwi'n meddwl taw'r bwriad oedd rhoi cyfle i mi greu argraff dda o flaen y sgowtiaid a fynychai gemau'r ail dîm. Bu i ni guro Aston Villa 4-2 gyda Dwight Yorke yn sgorio dwy. Daeth y rheolwr Mike Phelan ata i ar ôl y gêm, wedi i mi fwynhau perfformiad cryf yn erbyn dau ymosodwr addawol Villa.

'You will have no problem having a successful career if you keep performing like that.'

Pam na allwn i gael y cyfle i berfformio ar y lefel yma'n rheolaidd gyda United, meddyliais.

Er hynny, ro'n i'n deall y cymhelliad dros fy rhyddhau. Roeddwn wedi gofyn i adael y clwb wedi'r cwbl, felly, byddai yna farc cwestiwn am lefel fy ymroddiad i United. Doedd dim sicrwydd o ffitrwydd hirdymor yn sgil yr anaf i'r ben-glin. Yn ogystal roedd John O'Shea yn dal i serennu. Roedd wedi mwynhau cyfnodau llwyddiannus ar fenthyg i Royal Antwerp yn Ngwlad Belg a Bournemouth hefyd. Aeth yn ei flaen i fwynhau gyrfa lwyddiannus gyda'r clwb, dros gyfnod o ddeuddeg tymor a thros 350 o gemau. Yn y flwyddyn oddi tana' i, cafodd Alan Tate ei enwi yn chwaraewr ieuenctid y flwyddyn y tymor hwnnw. Ni lwyddodd i dorri i'r tîm cyntaf, ond fe fwynhaodd yrfa lwyddiannus gydag Abertawe gan chwarae dros 350 o gemau iddyn nhw.

Nid fi oedd yr unig Gymro i dderbyn yr un dyfarniad gan Syr Alex. Diddymwyd cytundeb Wayne Evans cwpl o wythnosau ynghynt – wn i ddim beth oedd yr amgylchiadau a arweiniodd iddo wynebu Syr Alex. Diflannodd o'r gêm ym Mhrydain gan symud i ardal Kansas yn yn yr Unol Daleithiau i ailadeiladu ei yrfa yno. Roedd Lee Costa o Gaerffili a Craig Lawton o Sir Fflint yn rhan o'r un tîm ieuenctid â Ryan Giggs. Rhyddhawyd Lee o'r clwb yn 1991 a diflannodd o'r gêm broffesiynol. Llwyddodd Craig i gyrraedd mainc y tîm cyntaf yn Ionawr 1993 ond fe dorrodd ei goes yn fuan wedi hynny. Gadawodd y clwb i ymuno â Port Vale yn 1994, ond llai na dwy flynedd yn ddiweddarach cwympodd lawr y cynghreiriau drwy ymuno gyda Bae Colwyn. Yn y llyfr *Forever Young* soniodd Craig am ei atgofion o gael ei ryddhau gan United:

> Sometimes as a young player you feel like a piece of meat in the bag. The only conversations I had were with Alex Ferguson in the car park at the Cliff. He just said "We had a think about your contract and we're not going to take you on. We've got other lads coming through." Don't get me wrong. The group of lads who were coming through behind us really were exceptional, the best imaginable, but the fact of the matter is, as a young player at a club like Manchester United, you can't afford to get injured for a long time.

Do'n i ddim yn y stad gywir i ofyn am esboniad gan Syr Alex ac i fod yn onest do'n i ddim am wybod y manylion. Yr unig beth oedd o bwys i mi oedd y ffaith fod Manchester United ddim am fy nghadw. Ar y llaw arall, roedd fy rhieni yn pryderu amdanaf ac am wybod mwy. Mae'r cyfnod wedi i'r newyddion gael ei dorri yn niwlog, felly gofynnais i Mam a Dad am eu hatgofion nhw.

Gofynnodd Mam pam y gadawyd i mi fynd. 'It was a long and hard discussion regarding Rhodri,' oedd ymateb Dave. Roedd Mam yn cael yr argraff ei fod am roi mwy o amser i mi brofi fy hun wedi'r holl anafiadau.

'In your honest opinion Dave, what level of football do you think Rhodri is capable of playing?' gofynnodd Mam. Doedd hi ddim yn dymuno i mi wastraffu mwy o amser yn chwarae os nad oedd siawns realistig i mi feithrin gyrfa yn y gêm broffesiynol.

'He has the capability to be a Premiership player,' meddai.

Gorfodwyd Dad i gerdded o'i swyddfa i 'nghysuro, wedi i mi ei alw ar ôl derbyn y newyddion gan Syr Alex. Dros y misoedd nesaf cafodd gyfle i siarad gyda Syr Alex, wedi iddo'i weld ar y llinell ystlys yn ystod un o'n gemau. Ni siaradai fel rheol gyda phob rhiant, ond roedd e'n hoff o Gymru. Byddai Hugh Roberts, y sgowt o Ogledd Cymru, yn helpu i edrych ar ôl ei elusen – 'Elizabeth Hardie Ferguson Trust' a sefydlwyd gan Syr Alex fel teyrnged i'w fam a fu farw o gancr. Dywedodd wrth 'Nhad ei fod yn gweld dyfodol i mi yn y gêm, gan ddweud fod digonedd o dalent gennyf, ond taw rhwng y ddwy glust roedd y broblem.

Dydw i ddim yn cwestiynu barn Ferguson, ond pam na threfnodd i rywun i'n hyfforddi i ddeall y meddwl os taw hynny oedd yn fy nal yn ôl? Credwn ar y pryd y deuai doethineb yn naturiol wrth fynd yn hŷn, ond tydi hynny ddim yn wir. Rhaid ymdrechu i ddeall y meddwl, beth bynnag yw'r oed: golygai hynny edrych ar feddyliau yn garedig, yn ddiduedd, heb eu labelu – o hynny daw rhyddid yn y pen draw. Dydw i erioed wedi hoffi'r term *mentally strong* – yn gyferbyniol i hynny mae'r term *mentally weak* ac mae pob math o stigma yn gysylltiedig â hynny. Ar ba bwynt hefyd y gellir galw rhywun yn *mentally strong* neu *mentally weak*? Mae'n debyg i'r gair 'perffeithrwydd'. Termau rydym yn eu creu ydynt: maent yn teimlo'n wir ond dydyn nhw ddim yn bodoli mewn realiti.

Tydi meddwl gormod ddim yn arwydd o wendid – does gan rywun ddim rheolaeth ar ei feddyliau ond ar y pryd, cysylltais fy hun yn ormodol â nhw. Ni sylweddolais fod meddyliau fel tonnau môr, yn mynd a dod. Ffurfiais gredoau anwir amdanaf fy hun yn y broses. Yr unig wirionedd y diwrnod hwnnw oedd i mi gael fy rhyddhau gan Manchester United. Roedd yr emosiynau a deimlais wedi hynny yn naturiol. Na, do'n i ddim yn llwyddiannus yn fy ymgais i ennill cytundeb newydd gyda'r clwb, ond do'n i chwaith ddim yn 'fethiant'.

Dydw i ddim yn meddwl i'r clwb ystyried yr effeithiau seicolegol y gall anafiadau hirdymor gael ar ei chwaraewyr. Roedd y ffisios yn grêt yn trin fy anafiadau, ond eu swydd nhw oedd sicrhau fod yr anaf yn gwella a 'mod i'n dychwelyd i'r cae cyn gynted â phosib. Mae yna wahaniaeth mawr rhwng gofyn i rywun 'sut mae'r anaf?' yn hytrach na 'sut rwyt ti'n teimlo am yr anaf?' Doedd dim arbenigedd gyda nhw sut i *drin* a *delio* gyda'r meddwl. Credaf taw adlewyrchiad o'r cyfnod ydoedd, ond dyw pethau ddim yn ymddangos fel petaen nhw wedi newid rhyw lawer ers hynny.

Yn 2019, gyda chefnogaeth yr Undeb Pêl-Droed Proffesiynol, ymchwiliwyd i'r cymorth seicolegol a ddarperir i chwaraewyr sydd wedi dioddef anafiadau hirdymor.

Prifysgol Brunel oedd yn gyfrifol am yr ymchwiliad. Cafodd penaethiaid meddygol o 75 o glybiau eu cyfweld, gan gynnwys 14 o'r 20 tîm yn yr Uwch Gynghrair. Dim ond 37% o'r clybiau oedd gydag aelod o staff oedd wedi cael eu hyfforddi mewn effeithiau seicolegol anafiadau, gyda'r rhan fwyaf o'r clybiau yn rhoi dim cefnogaeth seicolegol i'w chwaraewyr. Yn yr ymchwiliad dywedwyd fod clybiau proffesiynol yn Lloegr yn esgeulus a diofal yn y maes.

Ar ddiwedd un tymor yn y clwb, cefais fanylion seicolegydd a weithiai yn y brifysgol leol gan fy llysdad. Cysylltais gyda fe dros y ffôn, ond teimlwn fel petawn yn twyllo'r clwb, felly wnes i erioed fwrw ymlaen gyda'r berthynas. Y gŵr oedd Ian Mitchell, a aeth yn ei flaen i fwynhau gyrfa fel Seicolegydd Perfformio clwb Abertawe, tîm rhyngwladol Cymru a thîm rhyngwladol Lloegr – efallai y byddai wedi bod o gymorth i mi.

Yn ystod gêm bêl-droed, yn aml bydd y dorf yn beirniadu chwaraewr am fethu gweld pàs sy'n ymddangos yn un syml a hawdd o'r eisteddle. Ond efallai yng nghanol y frwydr, y cwbl a wêl y chwaraewr ar y cae yw llu o grysau'r gwrthwynebwyr. Mae cymaint o dwrw, cyfarwyddiadau gwahanol a beirniadaeth o'r byd oddi fas mewn bywyd. Mae'n fwy grymus i ymddiried mewn profiad personol a dysgu o hynny. Efallai ar brydiau y dylid codi pen pan fo rhywun yn cael ei ddal â meddiant o'r bêl yn rhy aml. O wneud hynny gall rhywun ddarganfod y gwagle ar y cae a gweld y bàs ymysg yr holl brysurdeb.

Penodwyd hyfforddwr cryfder corfforol gan y clwb yn 2000. Mae crythau'r corff yn gwneud gwahaniaeth, ond buaswn yn dadlau fod stad feddyliol chwaraewr yn cael mwy o effaith ar ei berfformiad na lefelau ei gryfder corfforol. Pan chwaraewn ar fy ngorau, teimlwn fel petawn yn gallu maeddu unrhyw un, beth bynnag eu maint. Yn ystod y gemau gwael, teimlwn yn wan yn gorfforol fel petai chwaraewr hanner fy maint yn gallu fy nharo oddi ar y bêl. Nid y chwaraewr a allai godi'r pwysau trymaf yn y gampfa oedd o reidrwydd y cryfaf yn gorfforol ar y cae.

Pan chwaraewn i Ysgolion Caerdydd dywedai rhai o'r cefnogwyr bod fy steil o chwarae yn eu hatgoffa o un o hen arwyr Manchester United o'r 50au, Duncan Edwards. Roedd tua'r un taldra â mi ac yn debyg o ran siâp corff gyda choesau mawr trwchus. Chwaraeai yn bennaf fel *left half* – cyfuniad o amddiffynnwr a chwaraewr canol cae. Do'n i ddim yn gwybod rhyw lawer amdano ar y pryd, ac roedd rheswm dros hynny – ni chafodd yrfa hir. Bu farw yn 21 mlwydd oed yn nhrychineb awyr Munich yn 1958. Ar y pryd roedd eisoes wedi chwarae bron i ddau gant o gemau i'r clwb, gan ennill 2 gynghrair a 18 cap i Loegr. Dywedai nifer fod y potensial ganddo i fod yn chwaraewr gorau'r clwb erioed ac un o'r gorau yn y byd. Is-reolwr Manchester United ar y pryd oedd y Cymro, Jimmy Murphy, a reolodd Cymru yng Nghwpan y Byd 1958. Dyma beth ddywedodd am Duncan:

> Those pants hitched up, the wild leaps of boyish enthusiasm as he came running out of the tunnel, the tremendous power of his tackle – always fair but fearsome – the immense power on the ball. He played wing-half, centre-half, centre-forward and inside-forward with consummate ease. When I used to hear Muhammad Ali proclaim to the world that he was the greatest, I used to smile. You see, the greatest of them all was an English footballer named Duncan Edwards.

Er y cymariaethau, nid oedd fy llwybr gyrfa i ar yr un trywydd â'i yrfa ef cyn iddo farw. Byddai cofio trychineb Munich yn atgof cyson o ba mor fregus yw bywyd, beth bynnag fo potensial unigolyn. Ro'n i'n ffodus fod cyfle i mi barhau gyda fy ngyrfa.

Darlledwyd y rhaglen ddogfen arna i ddau fis cyn i mi gael fy rhyddhau a dwi ddim ond wedi ei gwylio unwaith. Roedd gen i gywilydd 'mod wedi cael fy rhyddhau mor fuan wedi iddi gael ei darlledu. Cyfrannodd hyn at y gwymp. Roedd pobl yng Nghymru wedi cael mewnwelediad i mewn i 'mywyd a'r disgwyliadau wedi cynyddu yn sgil hynny.

Dros y cwpl o flynyddoedd diwethaf gallaf edrych yn ôl ar fy amser yn United gyda theimlad o falchder. Roedd hi'n gamp i gael fy arwyddo i Manchester United yn y lle cyntaf. Dangosais ddisgyblaeth a dyfalbarhad i allu dychwelyd i'r cae wedi'r llawdriniaethau. Llwyddais i arddangos fy nhalent yn gyson yn y trydydd tymor, a gwnaeth hynny'r penderfyniad i'm rhyddhau yn un anoddach nag y byddai wedi bod fel arall. A chyda'r holl hunanfarnu, roedd hi'n syndod fy mod wedi medru serennu mewn unrhyw gêm i United!

Ym mis Chwefror 2019 bu farw Eric Harrison yn 81 mlwydd oed. Talodd nifer o gyn-chwaraewyr y clwb deyrnged iddo gan gynnwys un Cymro. Roedd Robbie Savage yn rhan o'r un tîm ieuenctid â Butt, Beckham, Scholes a Gary Neville, ond cafodd ei ryddhau o'r clwb yn ddeunaw mlwydd oed. Wedi iddo gael ei ryddhau danfonodd Eric lythyr ato: 'I'll never forget the letter he wrote to me after my release from United, a letter I have to this day, saying that he believed in me and don't give up. Eric along with my family was the reason I didn't and to this day I will always be thankful to Eric.'

Roedd Savage yn ystyried ymddeol yn gyfan gwbl cyn iddo dderbyn y llythyr. Rhoddodd y llythyr hwb iddo wedi'r siom enfawr. O ganlyniad, ailadeiladodd ei yrfa yn Crewe Alexandra cyn mynd i chwarae i Leicester City, Blackburn, Birmingham a Derby yn yr Uwch Gynghrair, ac ennill 39 o gapiau i Gymru – ynghyd ag ymddangos ar y gyfres deledu *Strictly Come Dancing*!

Ni dderbyniais gefnogaeth o'r fath yn y byd pêl-droed. Fy nheulu oedd fy unig gysur. Ro'n i'n parhau mewn perthynas gyda Charlotte, ond roedd dyfodol y berthynas bellach yn ansicr. Doedd dim sicrwydd ymhle (os unrhyw le o gwbl) y byddai fy ngyrfa yn parhau. Dechreuais ar y broses o edrych am glwb newydd, gyda'r teimlad nad o'n i'n ddigon da yn suddo'n ddyfnach i 'mhen. Dechreuais ddatgysylltu o fy emosiynau – do'n i ddim am gael fy mrifo fel hyn unwaith yn rhagor. Gwyddwn hefyd na fyddai dim yn cymharu gyda'r profiad o chwarae i glwb y cwympais mewn cariad ag e pan o'n i'n blentyn – a hynny dros gyfnod anhygoel yn ei hanes.

Pennod 11

DOEDD FY NGHEFNDIR yn Man U ddim yn cyfri rhyw lawer wrth i mi edrych am glwb newydd. Pan o'n i'n grwtyn ysgol, cysylltai gwahanol glybiau yn rheolaidd, gan geisio fy annog i arwyddo iddyn nhw. Bellach roedd y dynamig wedi newid a fi oedd yn gorfod chwilio a gwneud y cwrso. Mae'r byd pêl-droed yn newid yn gyflym. Doedd gen i ddim asiant yn gymorth. Dibynnais ar fy rhieni a hen gysylltiadau. Dywedodd United y byddent yn helpu drwy ddanfon ffacs i glybiau eraill i hysbysu fy mod ar gael. Gwyddwn y byddent yn annhebygol o gysylltu gyda chlybiau a ystyrid yn fygythiad iddynt.

Y clwb cyntaf i ddangos diddordeb oedd Norwich oedd yn yr Adran Gyntaf ar y pryd – cynghrair yn is na Man U. Roedd cwpl o wynebau cyfarwydd o Gymru yn y garfan gyda Iwan Roberts yn arwain yr ymosod a Chris Llewellyn o Ferthyr ar yr asgell. Cofiwn Chris o'r ymarfer yn Nghasgwent flynyddoedd ynghynt. Roedd un wyneb cyfarwydd ar goll. Gadawodd Craig Bellamy ar ddechrau'r tymor i ymuno gyda Coventry, ac yntau yn 21 mlwydd oed ar y pryd.

Ro'n i'n gyfarwydd â'r ganolfan ymarfer ers i mi ymweld â'r clwb yn blentyn ac felly yn gyfarwydd â'r amgylchedd o'm cwmpas. Treuliais wythnos ar dreial yno, ond teimlai'n rhy fuan wedi derbyn y newyddion gwael gan United. Do'n i ddim ar fy ngorau wrth chwarae i'r ail dîm wrth iddynt golli yn erbyn Millwall ar Carrow Road. Penderfynodd y clwb i beidio fy arwyddo.

Cefais alwad ffôn gan Ian Holloway. Fe oedd y rheolwr a geisiodd fy arwyddo ar fenthyg i Bristol Rovers y tymor cynt. Gwyddwn ei fod yn hoff ohonof fel chwaraewr. Treuliais awr yn siarad gyda fe. Ffoniodd fy Nhad hefyd, er mwyn siarad gydag ef. Ian yw un o'r dynion mwyaf didwyll a charedig y deliais ag e o'r byd pêl-droed – ond nid oedd yn Bristol Rovers bellach. Roedd newydd adael i fynd i reoli Queens Park Rangers, a doedd dim awydd gennyf i fyw yn Llundain. Mae'n biti oherwydd o safbwynt fy mhersonoliaeth, dwi'n meddwl taw fe fyddai wedi bod y rheolwr gorau i mi ar y pryd. Roedd angen rhywun arnaf oedd â ffydd yn fy nhalent, i helpu ailadeiladu fy hyder.

Yng ngharfan QPR ar y pryd roedd amddiffynnwr ifanc o'r enw Clarke Carlisle. Roedd ganddo enw fel un o'r chwaraewyr mwyaf galluog o fewn y gêm. Fe'i henwyd fel 'Britain's Brainiest Footballer' yn 2002, wedi iddo ennill cwis teledu. Yn hwyrach yn ei yrfa ymddangosodd ar y rhaglen *Countdown*, ynghyd â'r rhaglen wleidyddol *Question Time* ar y BBC. Bu hefyd yn gadeirydd ar y Gymdeithas Pêl-Droed Proffesiynol am gyfnod.

Dioddefodd anaf difrifol i'w *cruciate ligament* yn ei ben-glin mewn gêm yn erbyn Fulham ar ddechrau 2001. Doedd yr arbenigwr ddim yn ffyddiog y byddai Carlisle fyth yn cerdded eto. Dechreuodd ddioddef o iselder gan ddatblygu dibyniaeth ar alcohol. Roedd yn ffodus fod ganddo reolwr cydymdeimladol yn Holloway. Meddai amdano:

> Ian Holloway was magnificent and so magnanimous. I went to him and he said he didn't know what to do to help me but he'd find someone who could. He put me in touch with Sporting Chance and it all went from there. The reason I'm so appreciative

of Ian Holloway is that there are so many managers who just see players as assets and liabilities. It would have been easy and he'd have been well within his rights to have cut me off there and then. He could have sacked me for my behaviour, paid me up and sent me on my way and washed his hands of me. But he looked after Clarke the person before Clarke the footballer and I'll be forever grateful for that.

Rheolwr arall a ddangosodd ddiddordeb ynof oedd rheolwr Wrecsam, Brian Flynn. Roedd y clwb yn yr Ail Gynghrair ar y pryd. Roedd Mam yn dal i fod yn berchen y tŷ ym Manceinion, felly golygai hyn fy mod yn gallu teithio i fewn yn ddyddiol i fynd i ymarfer gyda nhw. Trefnodd Flynn i mi deithio gyda dau chwaraewr arall oedd yn byw yng nghyffiniau Manceinion ar y pryd. Un ohonynt, yn eironig, oedd mab Syr Alex, Darren Ferguson. Fe oedd capten y clwb. Dechreuodd ei yrfa yn Manchester United, cyn symud yn ei flaen i chwarae i Wolverhampton Wanderers a Sparta Rotterdam yn yr Iseldiroedd, ac yna Wrecsam. Y llall oedd yr amddiffynnwr o Weriniaeth Iwerddon, Brian Carey – treuliodd ef gyfnod gyda Manchester United ar ddechrau'r 90au hefyd. Roedd Brian yn hynod o groesawgar yn y car, tra roedd Darren yn llawer mwy tawel ar ein siwrneiau.

Nid fi oedd yr unig chwaraewr ar dreial. Roedd ymosodwr uchel ei gloch, gydag acen Lerpwl gref yn gobeithio creu argraff dda hefyd. Cymerwyd rhan mewn dril ymosodol. Pasiwyd y bêl iddo. Un cyffyrddiad, wedyn bang – bwled i gornel ucha'r rhwyd gyda'i droed chwith nerthol. Y nesa, chimmy bach, ac wedyn cyrlio'r bêl yn gelllydd i gornel arall y rhwyd. Parhaodd y triciau a'r saethu clinigol am weddill y sesiwn. Roedd y distawrwydd yn llenwi'r car ar y ffordd adref.

'That striker is a bit special isn't he?' oedd barn Carey

wedi i'r ymosodwr ei ddrysu yn ystod y sesiwn, ynghyd â gweddill yr amddiffynwyr ar y cae.

'He certainly is. I think he has come from non-league,' ymatebodd Ferguson. Ymunodd Lee Trundle gyda'r clwb o'r Rhyl, gan fynd yn ei flaen i ddiddanu'r byd pêl-droed proffesiynol am y degawd nesaf.

Gofynnodd Flynn i mi arwyddo hefyd, ond doedd y telerau a gynigiwyd ddim yn grêt. Roedd hefyd yn bwriadu fy chwarae fel cefnwr chwith, ond do'n i ddim wedi chwarae yn y safle yn rheolaidd. Ond dyna oedd yr unig gynnig cadarnhaol ar y pryd, felly dywedais y byddwn yn ystyried y cynnig. Yn fuan wedyn, cysylltodd Bristol Rovers, oedd yn yr un adran, a gofyn i mi arwyddo gyda nhw. Doedd Holloway ddim yno ond roeddent yn fy nghofio o hyd. Dywedais y byddwn yn aros hyd ddiwedd y tymor cyn penderfynu.

Y clwb nesaf i gysylltu oedd Rotherham United, clwb sydd wedi ei leoli yn Ne Swydd Efrog. Roeddent yn yr un gynghrair â Wrecsam ar y pryd, ond tra roedd Wrecsam yn eistedd o gwmpas canol y tabl, brwydrai Rotherham i ennill dyrchafiad i Adran Un a hynny wedi tymor yn unig yn y gynghrair roeddent ynddi, wedi dyrchafiad yn y tymor cynt o'r drydedd Adran. Roeddent yn amlwg yn glwb oedd yn tyfu ac yn symud i'r cyfeiriad cywir. Fy nghyswllt yn y clwb oedd gŵr o'r enw John Bilton. Fe oedd Swyddog Datblygu Ieuenctid Leeds pan ro'n i'n blentyn. Ceisiodd fy arwyddo bryd hynny i'r clwb a bellach roedd mewn rôl debyg gyda Rotherham.

Fe'm gwahoddwyd i chwarae i'r ail dîm mewn gêm oddi cartref yn erbyn Bolton Wanderers. Tydi Bolton ddim yn bell o Fanceinion, felly penderfynais gwrdd â'r tîm am y tro cyntaf yn yr ystafell newid. Mae hi wastad yn brofiad lletchwith i gerdded i ystafell a neb yno yn eich adnabod. Roedd un wyneb cyfarwydd gyda fi yn gefnogaeth oherwydd fe deithiodd Dad o Gaerdydd er mwyn mynd â fi i'r gêm. Yn yr eisteddle yn gwylio ac yn barnu roedd rheolwr y tîm cyntaf, Ronnie Moore. Petai y clwb yn ennill dyrchafiad unwaith yn rhagor, gwyddai y byddai angen cryfhau'r garfan er mwyn cystadlu yn Adran Un. Cefais gêm arbennig y noson honno. Dyma oedd un o'm perfformiadau gorau erioed. Gwyddwn y byddai Rotherham am fy arwyddo wedi'r gêm. Derbyniais alwad o fewn wythnos gan fy nghyswllt yn y clwb i ddweud eu bod am gynnig cytundeb dwy flynedd i mi. Arhosais i weld os oeddent yn llwyddiannus yn eu hymgyrch i ennill dyrchafiad cyn penderfynu.

Gorffennodd Rotherham yn ail yn y tabl gan sicrhau dyrchafiad i Adran Un. Bristol Rovers oedd y clwb oedd agosaf at adref yng Nghaerdydd, ond yn anffodus roeddent wedi gostwng i'r Drydedd Adran. Do'n i ddim am chwarae yn yr adran honno mor gynnar yn fy ngyrfa. Cynigodd Rotherham delerau mwy ffafriol na'r hyn a gynigwyd gan Wrecsam hefyd, a bellach roeddent gynghrair yn uwch. Do'n i hefyd ddim am ddychwelyd i Gymru wedi i'r rhaglen ddogfen gael ei darlledu. Ro'n i am ddiflannu. Penderfynais arwyddo gyda Rotherham. Ni siaradais gyda Ronnie Moore cyn arwyddo a tydi hynny fyth yn arwydd da.

Synhwyrais taw camgymeriad oedd y penderfyniad y diwrnod cyntaf y cerddais i'r ganolfan ymarfer. Roedd y chwaraewyr yn ddigon croesawgar ond ro'n i'n methu setlo o'r dechrau. Eisteddais yn yr ystafell newid y bore cyntaf a des i fyth o 'nghragen. Ro'n i wedi arfer rhannu ystafell newid gyda ffrindiau yr un oedran yn United, ond nawr ro'n i gyda dynion oedd â theuluoedd a morgeisi i'w talu.

Clwb bach oedd Rotherham. Doedd dim sêr yn y clwb. Ffactor mawr yn ei lwyddiant oedd y cymeriadau cryf yn yr ystafell newid. Aeth sawl un ohonynt i fewn i fyd rheoli wedi ymddeol o'r gêm. Y chwaraewr mwyaf adnabyddus oedd yr ymosodwr Mark Robins. Dechreuodd ei yrfa yn Manchester United, ond bellach roedd yn nesáu at ddiwedd ei yrfa. Fy mhrif atgof ohono oedd y label 'The Man Who Saved Fergie'. Ym mis Ionawr 1990 roedd peryg y byddai Ferguson yn colli ei swydd gyda United lawr yng ngwaelodion yr adran a mas o Gwpan y Gynghrair. Roedd Ferguson wedi bod wrth y llyw ers 1986, a heb ennill tlws hyd yn hyn. Y Cwpan FA oedd yr unig siawns o lwyddo y tymor hwnnw. Tîm cryf Nottingham Forest o dan reolaeth Brian Clough oedd y gwrthwynebwyr yn y drydedd rownd, a hynny oddi cartref. Doedd United ddim wedi ennill am wyth gêm yn olynol cyn yr ornest – dyma, yn ôl y papurau newydd, oedd cyfle olaf Fergie i arbed ei swydd. Enillodd United 1-0 gyda Robins yn sgorio'r gôl fuddugol. Aeth United ymlaen i ennill y gwpan – y cyntaf o 38 tlws enillodd Fergie yn y clwb.

Roedd bywyd yn Rotherham yn sioc ddiwylliannol. Roedd y ganolfan ymarfer yn hynod o fach, doedd dim cymhariaeth gyda chyfleusterau arbennig Man United yn Carrington. Roedd y Cliff hyd yn oed fel palas o'i gymharu â'r caban pren yn Rotherham. Doedd yr ystafelloedd newid ddim yn ddigon mawr i bawb o'r garfan newid felly gwahanwyd y garfan i ddwy ystafell wahanol. Gorfodwyd ni i olchi'n cit ein hunain hefyd. Doedd hyn ddim yn broblem, ond roedd yn newid i'r system. Yn United, wedi pob sesiwn, byddem yn taflu y cit brwnt i'r bin golchi dillad. Byddai cit gwahanol yn cael ei ddarparu ar gyfer y bore a'r prynhawn. Plygid y cit yn daclus ar ein cyfer. Nawr roedd rhaid i mi ddysgu sut i ddefnyddio'r peiriant golchi yn y tŷ ym Manceinion.

Ro'n i wedi arfer rowlio o'r gwely a chyrraedd y ganolfan ymarfer yn Man U o fewn pum munud. Roedd teithio i Rotherham yn ddyddiol yn golygu treulio bron i dair awr y dydd yn y car. Byddai rhan o'r siwrne yn golygu teithio ar hyd *y Snake Pass* – hewl droellog, beryglus a groesai'r Pennines. Roedd llawer o ddamweiniau ar yr hewl ac fe gâi ei chau yn aml. Teithiwn gyda dau gôl-geidwad y clwb. Y rhif un oedd Mike Pollitt. Wynebodd yr un profiad â mi ar ddechrau ei yrfa pan gafodd ei ryddhau gan Fergie. Llwyddodd i feithrin gyrfa yn y gêm wedi'r siomedigaeth, felly roedd Pollitt yn esiampl o'r hyn oedd yn bosib wedi gadael United. Y gwahaniaeth rhwng Pollit, Mark Robins a finnau oedd fod y ddau ohonyn nhw wedi bod yn rhan allweddol o'r garfan dros y blynyddoedd. Teimlwn i fel pe bawn yn elwa wedi gwaith caled pawb arall i gyrraedd y llwyfan yma. Doedd neb yn gwneud i mi deimlo felly, ond dyna oedd y stori ddywedais i wrthyf fy hun ar y pryd.

Ar ddiwedd pob ymarfer rhoddid crys melyn i'r person chwaraeodd waethaf. Byddai'r chwaraewr hwnnw yn gorfod gwisgo'r crys yn ystod yr ymarfer y diwrnod canlynol. Golygai hyn y byddai ymarferion yn fwy cystadleuol, gan fod pawb yn chwarae i osgoi derbyn y crys. Byddai'r bechgyn yn pleidleisio yn gudd ar ddiwedd pob sesiwn. Derbyniais y crys sawl gwaith – yn haeddiannol ar adegau, ond dwi'n meddwl mod i'n opsiwn hawdd fel y bachgen ifanc newydd. Byddai rhai o'r chwaraewyr eraill yn mynd yn gandryll pe baent yn derbyn y crys, ond wnes i erioed greu ffwdan. Ro'n i wedi colli hyder yn dilyn y profiadau yn Man U ac roedd y crys yn cadarnhau nad o'n i yn 'ddigon da'. Roedd ildio fel hyn yn estron i mi. Wrth dyfu, fi oedd capten pob tîm y chwaraewn ynddo, felly ro'n i'n hen law ar arwain drwy esiampl. Allwn i ddim cael gwared â'r teimlad gwag yma.

Arwyddodd y clwb ddau amddiffynnwr canol profiadol yn fuan wedi i mi arwyddo. Roedd hyn yn arwydd fod y rheolwr yn fy ystyried fel rhywun wrth gefn i'r tîm, yn hytrach na dewis cyntaf. Doedd dim disgwyliadau arna i lwyddo heb ymdrechu a brwydro, ond ar y pryd roedd angen bach o hwb arnaf. Dylai'r ffaith fod y clwb wedi fy arwyddo yn y lle cyntaf fod wedi rhoi hynny i mi ond ro'n i'n edrych ar ddigwyddiadau trwy'r annibendod yn fy mhen. Felly pan gerddodd y ddau chwaraewr newydd drwy'r drws, ychwanegais fariau i'r ffenestri yn y carchar dychmygol yn fy mhen.

Nid oedd Ronnie yn siarad gyda'r chwaraewyr rhyw lawer – cadwai ato'i hun. Tydi hynny ddim yn feirniadaeth ohono. Roedd wedi mwynhau llwyddiant ysgubol gyda Rotherham. Ond ar y pryd buaswn wedi elwa cael rhywun oedd yn fwy agored ei natur, rhywun oedd yn barod i roi ei fraich o'm cwmpas ac i ysbrydoli dyn ifanc i lwyddo unwaith yn rhagor.

Yn anffodus ni fyddai cefnogaeth unrhyw reolwr wedi gwneud llawer o wahaniaeth i 'mhen-glin oedd wedi dechrau bod yn drafferthus unwaith eto. Cawn boenau wrth droi ar y cae. Gwyddwn na allwn fforddio mwy o anafiadau yn ystod yr amser bregus yma o 'ngyrfa. Cyn ymuno gofynnwyd i mi gael prawf meddygol. Synnais fy mod wedi pasio gyda'r holl anafiadau ar fy mhen-glin. Mae'n rhaid fod y clwb yn teimlo 'mod i'n werth y risg, yn enwedig gan na fyddai angen gwario ar gostau trosglwyddo i'm harwyddo. Bu'n rhaid i mi gael llawdriniaeth *keyhole* arall a olygodd i mi golli mis ar ddechrau'r tymor – digon i golli momentwm a chynyddu'r amheuon amdanaf o fewn clwb. Bywyd yn yr ail dîm oedd fy nhynged ar gyfer gweddill y tymor. Llwyddodd y tîm cyntaf i osgoi gostwng yn ôl i'r Ail Adran, felly o leiaf roedd yr ysgogiad o bêl-droed Adran Un yn dal i fodoli er na allwn weld y posibiliadau disglair o'm blaen.

Cynyddu wnâi y pwysau a roddwn arnaf fi fy hun. Tymor oedd yn weddill i mi greu unrhyw argraff o gwbl ac i sefydlu gyrfa i mi fy hun. Gwyddwn na fyddai unrhyw glwb o safon am gymryd siawns arna i os nad o'n i'n gallu torri i'r tîm cyntaf yn Rotherham. Daeth y cymhelliad i lwyddo o'r ofn o fethu. Crëwyd tensiwn yn y corff ac yn y meddwl o ganlyniad. Roedd fy ngyrfa yn llithro o'm gafael yn ara' bach a wyddwn i ddim sut i atal y llif. Roedd y ben-glin heb os wedi ymyrryd ond fy stad feddyliol oedd yn peri'r gofid mwyaf. Dychwelais adref ar ddiwedd y tymor, heb awydd o gwbl i ddychwelyd ar gyfer y tymor nesaf – ni soniais am hyn wrth neb. Fy ateb i'r pryderon oedd i brynu llyfr ffitrwydd SAS. Pe gallwn gael fy nghorff yn ddigon ffit, gallwn oresgyn unrhyw bryderon am y meddwl. Dyna a gredwn – ond yn ofer.

Pennod 12

CURAIS RECORD Y clwb ar gyfer y prawf ffitrwydd *bleep* pan ddychwelais wedi'r gwyliau. Ro'n i'n casáu gwneud y prawf yn ystod gwersi chwaraeon yn yr ysgol, ond ar y cae ymarfer yn Rotherham teimlwn yn gryf wrth i'r chwaraewyr eraill symud o'm cwmpas. Doedd dim amser i feddwl: curo sŵn y bib oedd yr unig nod. Rhedais ar ben fy hun am funud cyn i'r blinder gydio a chyn i'r meddyliau ddechrau prysuro unwaith eto. Wrth ymarfer yn ddyddiol yng Nghaerdydd dros y gwyliau, dilynais y cyfarwyddiadau yn y llyfr SAS yn ddisgybledig. Treuliais oriau yn chwysu yn y gampfa ac ar y caeau lleol. Ro'n i am ddychwelyd i Rotherham yn y cyflwr corfforol gorau posib, ond roedd elfen hefyd o geisio dianc rhag crafangau fy meddyliau. Doedd dim pennod yn y llyfr SAS ynglŷn â ffoi oddi wrth y rheini. Credwn y byddai tynhau'r cyhyrau yn eu distewi. Deuai â saib dros dro o'r poendod wrth i'r *endorphines* ruthro o gwmpas y corff ond byddai'r bwganod yn aros yn amyneddgar i mi orffen pob sesiwn, cyn dychwelyd unwaith yn rhagor. Es ar wyliau gyda Charlotte i Bortiwgal ac yr un oedd y drefn dramor – llusgo fy hun ar hyd y traeth tra byddai gweddill y byd yn torheulo. Aeth y mwyafrif o'r garfan i Majorca i fwynhau am wythnos ond cosbais fy hun am dymor cyntaf gwael yn y clwb drwy wrthod y cynnig i ymuno â nhw. Efallai y byddai wedi bod yn gyfle i mi fondio gyda'r chwaraewyr ond eto, nid boddi fy hun mewn alcohol fyddai'r syniad gorau wedi bod ar y pryd.

Prin oedd yr amser gefais yng Nghaerdydd yn ystod y tymor, felly yn ystod y gwyliau ro'n i am dreulio rhan helaeth o'm hamser sbâr yno. Ond ni allwn ymlacio rhyw lawer o ganlyniad i'r holl ymarfer corff ro'n i'n ei wneud. Llwyddai i newid fy hwyliau, ond nid yn barhaol. Ro'n i'n dibynnu ar yr ymarfer corff i 'ngwneud i deimlo'n well.

Mwynheais berfformiadau cryf yn y gemau cyfeillgar cynnar ond doedd y seiliau ddim yn gadarn. Y gred nad o'n i'n ddigon da oedd yn gyrru'r cwbl; gall fod yn gymhelliant i wthio rhywun i lwyddiannau allanol aruthrol, ond gall hefyd dynnu rhywun i'r gwaelodion. Yn anffodus i mi, gyrrai y teimlad o fod 'ddim digon da' fi i gyfeiriad yr ail opsiwn. Dirywiodd fy mherfformiadau erbyn i'r gemau cystadleuol ddechrau.

Aeth Charlotte i Ffrainc am flwyddyn fel rhan o'i hastudiaethau yn y Brifysgol. Doedd dim rheswm i mi aros ym Manceinion bellach. Roedd yr amgylchedd yno yn fy atgoffa o'r methiant yn United. Teimlwn fod yr holl deithio dyddiol i gyrraedd yr ymarfer a'r gemau yn ormod hefyd felly penderfynais brynu fflat yn Rotherham a byw yno ar ben fy hun.

Dechreuodd yr iselder amlygu ei hun mewn ffyrdd bach. Gadawn y llestri i bentyrru cyn eu golchi – cynyddai'r pentwr yn ara' bach rhwng pob golchiad. Nid diogi oedd hyn, ond diffyg egni ac awydd. Dechreuais wisgo fy nillad hen gan na allwn wynebu rhoi'r peiriant golchi ymlaen. Wnes i erioed fethu ymarfer na chyrraedd yn hwyr er gallwn fod wedi aros yn y gwely trwy'r dydd. Llwyddwn i lusgo fy hun o'r gwely, gwisgo'r mwgwd a goroesi diwrnod arall cyn dychwelyd i'r fflat a chau'r cyrtens ar y byd. Roeddwn yn ynysu fy hun.

Byddai rhai o'r bois yn y garfan yn fy ngwahodd mas nawr ac yn y man ond gwrthodwn yn aml. Doedd yr amgylchedd pêl-droed ddim yn rhywle y teimlwn y gallwn fod yn onest am fy nheimladau tywyll.

Does dim elfen flodeuog yn perthyn i iselder. Mae fel petai lladron wedi torri i mewn trwy'r drws ffrynt yn dy ben. Mae'r larwm yn atseinio'n fyddarol yn fewnol, ond nid yw'r sŵn yn cario i'r byd tu fas. Mae'r lladron yn llwyddo i ysbeilio'r tŷ, gan droi popeth ben i waered. Ond hawdd yw cuddio'r difrod pan fo'r waliau'n dal i sefyll.

'Rwyt yn anobeithiol.'

'Dwyt ti ddim digon da.'

'Ti wedi gadael pawb i lawr.'

Byddai'r meddyliau hyn yn chwyrlïo o gwmpas fy mhen ar fore gêm i'r ail dîm. Cynhelid y gemau yn y nos, felly byddai'r ddolen yma o feddwl yn dechrau o'r munud i mi ddeffro tan i mi gyrraedd y stadiwm yn y nos. Roedd fel chwarae gêm o *whack a mole* gyda fy meddyliau – y morthwyl yn taro un meddwl i lawr a thri arall yn neidio lan yn ei le. Mae hi'n amhosib i berfformio ar y cae yn y fath stad feddyliol. Amcangyfrifir fod yr ymennydd yn defnyddio ugain y cant o egni'r corff bob dydd. Roeddwn wedi blino'n llwyr, cyn hyd yn oed gwisgo'r cit.

Dwi wedi sôn eisoes am y stad o *flow* pan berfformiwn ar fy nghorau ond roedd y teimlad yma'n hollol gyferbyniol i'r teimlad rhydd hwnnw. Byddai symud pob cyhyr yn y corff yn ymdrech. Roedd disgleirdeb y llifoleuadau yn fy nallu a phob munud o'r naw deg yn llusgo. Syllwn ar y fainc, yn erfyn i'r rheolwr ddod â rhywun arall ymlaen yn fy lle i'm harbed rhag y teimlad annifyr ar y cae. Yswn i dwll du agor a'm sugno o'r hunllef. Roedd fy ngyrfa wedi rhewi ond ar y pryd roedd materion mwy difrifol i'w hystyried.

Ofnwn y cyfnodau hynny a dreuliwn ar ben fy hun yn y

fflat. Roedd tafarn gyferbyn â'r adeilad felly o bryd i'w gilydd awn i eistedd yno. Yn ôl yn 2002, doedd yr ymwybyddiaeth am iechyd meddwl ddim fel ag y mae heddiw. *Depressed* oedd y gair a ddefnyddiwyd yn anystyriol i ddisgrifio diwrnod gwael. Roedd y syniad o ddioddef o salwch iechyd meddwl yn rhywbeth estron.

Pryd oedd y meddyliau ar eu tawelaf?

Pan ro'n i'n cysgu oedd yr ateb.

Sut allaf ymestyn hyd y cyfnod tawelach?

Cysgu am byth meddyliais.

Ro'n i'n ffodus nad oedd alcohol wedi apelio'n gryf ata i neu efallai y byddwn wedi mynd ar drywydd gwahanol. Yn y dafarn eisteddwn yn sipian diod meddal. Efallai y byddai alcohol wedi llwyddo i fyddaru'r llais: *Dyw hyn ddim yn iawn. Rhaid i ti wneud rhywbeth am hyn.*

Gyferbyn â'r fflat roedd meddygfa. Es i weld y doctor. Wrth edrych yn ôl, dwi'n rhyfeddu fod gen i'r ymwybyddiaeth fel crwtyn ugain mlwydd oed i wneud hyn oherwydd do'n i ddim wedi dweud wrth neb am y gwir reswm dros y dioddef. Hiraethu am adre fyddai'r esgus i'r teulu. Roedd hi'n sefyllfa letchwith i'r doctor oherwydd er nad oedd yn ddoctor swyddogol yn y clwb, fe *oedd* doctor y clwb i bob pwrpas. Do'n i ddim wedi bod i'w weld yn ystod fy amser yn y clwb hyd yn hyn, ond roedd yn fy adnabod wrth i mi gerdded i fewn. Rhoddodd ddiagnosis o iselder i mi a phresgripsiwn ar gyfer tabledi.

'Does anyone at the club know?' gofynnodd.

'No one does,' atebais.

Edrychodd arnaf yn syn wrth i mi adael – roedd cyfrinachedd claf yn ei atal yntau rhag dweud wrth neb hefyd.

Awn i ymarfer bob dydd gyda'r tabledi yn siglo yn fy mol. Cymerodd gwpl o wythnosau cyn iddynt gael unrhyw effaith arnaf. Dechreuais deimlo yn ddideimlad fel rhyw fath o *zombie*. Byddai'n well gen i deimlo rhywbeth na theimlo dim byd, meddyliais. Ro'n i am ddeall o ble deuai'r teimladau hyn er mwyn gallu eu goresgyn. Ers hynny dwi wedi bod yn chwilfrydig i ddarganfod mwy am y *llais* a lywiodd fi i'r gyfeiriad cywir yn sgil yr holl lanast yn fy mhen ar y pryd. Daeth o rywle tu hwnt i'r meddwl – rhyw fath o ymwybyddiaeth dyfnach. Tabledi yw'r ateb yn y tymor byr i rai ond ro'n i am wella o'r tu mewn ac er mwyn gwneud hynny byddai rhaid cymryd cam eithafol, meddyliais.

Es at Ronnie, y rheolwr, ar ôl ymarfer a gofyn am gyfarfod. Ers y tymor a hanner i mi fod yn y clwb, nid oeddwn wedi cael sgwrs bersonol ag e. Trefnodd i mi alw i'w weld yn ei swyddfa yn y stadiwm yn Millmoor. Mae'n debyg ei fod yn disgwyl i mi gwyno pam nad o'n yn y tîm – dyna'r math o gyfarfodydd y byddai'n eu cael gyda chwaraewyr fel arfer ond gan gofio sut ro'n i'n perfformio ar y pryd, byddai'n embaras llwyr i mi wneud cwyn o'r fath. Roedd yr amgylchiadau dipyn yn wahanol o'u cymharu â'r cyfarfod gyda Syr Alex. Fi oedd yn arwain y sgwrs y tro hwn.

'I want to rip up my contract.' Agorodd ei lygaid mewn syndod. O rwygo fy nghytundeb byddwn yn aberthu fy nghyflog gyda chwe mis yn weddill arno. Teimlwn yn euog; roedd y clwb wedi rhoi cyfle i mi ailadeiladu fy ngyrfa ond do'n i ddim yn perfformio ar fy ngorau. Do'n i ddim am aros yno a chasglu fy nghyflog bob wythnos heb wir gyfrannu. Doedd dim ots gennyf am y golled ariannol, roedd y llais yn gryf ynof. Nid ildio oedd hyn, ond rhoi blaenoriaeth i'm lles am y tro cyntaf yn fy mywyd.

Cytunodd Ronnie i ddod â'r cytundeb i ben ond wnes i erioed ddatgelu'r gwir reswm pam mod i am ddod â'r cytundeb i ben yn y lle cyntaf. Roedd hiraeth am adref heb os yn ffactor, ac roedd modd defnyddio'r ben-glin fel esgus hefyd. Brwydrais ers yn blentyn i wireddu breuddwyd i fod yn bêl-droediwr a nawr roedd fy ngyrfa yn gorffen ar nodyn mor isel – heb hyd yn oed chwarae i'r tîm cyntaf mewn gêm gystadleuol. O fewn ugain mis o weld Syr Alex, ro'n i ar fin gadael y byd pêl-droed proffesiynol yn gyfan gwbl. Teimlwn ryddhad wrth eistedd yn nhawelwch y car yn y maes parcio yn Millmoor wedi'r cyfarfod. Roedd hynny'n gadarnhad fy mod wedi gwneud y penderfyniad cywir.

Cyn pen dim, cyrhaeddodd y newyddion yr ystafell newid. Disgwyliais feirniadaeth negatif o'm penderfyniad ond fe'm syfrdanwyd gan yr ymateb. Daeth cwpl o chwaraewyr profiadol o'r garfan lan ataf a dweud eu bod yn gefnogol, a hefyd yn genfigennus o fy mhenderfyniad i orffen. Mae'r gêm broffesiynol yn gallu crogi cariad pur plentyndod i rai chwaraewyr gyda'r pwysau, yr ansicrwydd, a'r anafiadau yn amharu ar y mwynhad. Chwarae teg, rhoddodd y clwb ychydig o arian i mi wrth i mi adael. Doedd dim rheidrwydd arnyn nhw i wneud hynny, felly ro'n i'n werthfawrogol.

Dwi'n gwybod fod Mam a Dad yn cwestiynu pam na wnaethon nhw fwy i fy helpu ar y pryd, ond sut wydden nhw fod unrhyw beth difrifol o'i le? Gwisgwn fwgwd o'u blaen nhw hyd yn oed. All teulu na ffrindiau ddim darllen meddwl – hyd yn oed pan fydd rhywun yn erfyn arnynt i sylwi. Efallai y gallent synhwyro fod rhywbeth o'i le, ond dyna i gyd. Roedd hi'n hawdd i mi guddio hefyd, a finnau'n bell o adref. Dyna pam mae siarad gyda rhywun y gellir ymddiried ynddynt mor bwysig. Petai ffrind yn siarad gyda fi fel wnes i yn fy mhen ar y pryd, byddwn wedi dweud wrthynt lle i fynd ond ro'n i'n ufudd i'r llanast. Weithiau mae clywed yn allanol yr holl dwpdra rwyt yn ei ddweud wrthyt dy hun yn fewnol yn ddigon i gael effaith, ond i mi ar y pryd roedd angen dychwelyd i Gaerdydd. Bywyd yn gyffredinol, nid fy ngyrfa, oedd fy mlaenoriaeth nawr.

Pennod 13

G‍ADAWAIS R‍OTHERHAM CYN y Nadolig ac roedd y calendr ar gyfer 2003 yn wag. Doedd hynny ddim yn codi ofn – dwi'n edrych ar galendr gwag fel rhywbeth cyffrous yn llawn potensial a phosibiliadau annisgwyl. Roeddwn wedi bod yn y bybl pêl-droed proffesiynol am bum mlynedd, felly do'n i ddim am wastraffu gormod o amser. Byddai'r rhan fwyaf o fy ffrindiau ysgol yn graddio o brifysgol yr haf hwnnw. Roedd angen i mi ddal lan: teimlwn fel pe bawn wedi byw gyrfa a hanner eisoes er taw dim ond 21 o'n i ar y pryd.

Ro'n i'n benderfynol o aros adref a dychwelyd i'r byd addysg. Cyflwynais gais i astudio Busnes ym Mhrifysgol Caerdydd. Teimlai fel y cam naturiol wedi astudio'r pwnc ar gyfer TGAU ac fel rhan o fy ysgoloriaeth yn Man U. Cefais fy nghategoreiddio fel *mature student* felly ystyriwyd y cais ar sail fy mhrofiad yn hytrach nag ar sail canlyniadau lefel A. Cynigiodd y brifysgol le i mi ar y cwrs ond byddai'n rhaid aros tan fis Medi cyn cychwyn ar y daith.

Ar y cae, derbyniais wahoddiad i fynd i ymarfer gyda chlwb pêl-droed Y Barri. Nhw oedd y clwb mwyaf llwyddiannus erioed yng Nghynghrair Cymru ar y pryd. Y rheolwr oedd gŵr o'r enw Kenny Brown – ond cadeirydd y clwb oedd fwyaf adnabyddus. Roedd cyn-ymosodwr Wimbledon a Lloegr, John Fashanu, wedi prynu'r clwb ym mis Rhagfyr y flwyddyn cynt. I nifer o bobol roedd yn fwy enwog am ei anturiaethau oddi ar y cae gan iddo gyflwyno'r rhaglen adloniadol *Gladiators* ar ITV yn ystod y 90au. Ei gymhelliant i brynu'r clwb oedd i ddod â chwaraewyr ifanc o Affrica i'r Barri, ac yna eu gwerthu ymlaen i glybiau eraill yn Ewrop. Deuai tad Fashanu o Nigeria, ac roedd gan John gysylltiadau o fewn y wlad. Llwyddodd i ddenu gôl-geidwad profiadol o'r enw Abi Baruwa i'r clwb. Roedd yn 31 mlwydd oed ar y pryd ac wedi ennill medal aur yn y Gemau Olympaidd yn 1996 wedi i Nigeria guro'r Ariannin yn y rownd derfynol. Cwpl o fisoedd yn ddiweddarach arwyddwyd yr ymosodwr ifanc Adebayo Akinfenwa, ac aeth yn ei flaen i fwynhau gyrfa lwyddiannus yn is-gynghreiriau Lloegr, gan gynnwys cyfnod gydag Abertawe. Ei lysenw oedd *The Beast* oherwydd ei nerth yn codi pwysau yn y gampfa. Derbyniodd y fraint o gael ei enwi fel y chwaraewr cryfaf yn y byd yn y gyfres gêm gyfrifiadurol FIFA!

Gofynnodd y clwb i mi arwyddo iddyn nhw wedi i mi gael gêm arbennig iddynt ar dreial, a hynny yn ôl yn fy hoff safle yng nghanol y cae. Yn anffodus roedd y clwb yn dal i fod yn broffesiynol ar y pryd, ac ro'n i'n gadarn eisiau mynd i'r brifysgol. Doedd dim pwynt ymuno gyda nhw am gwpl o fisoedd yn unig os nad o'n i'n gallu ymrwymo i'r clwb o fis Medi ymlaen. Hefyd do'n i ddim yn hyderus y byddai'r ben-glin yn gallu gwrthsefyll ymarfer dyddiol ac er fod y chwaraewyr yn hynod o groesawgar, do'n i ddim yn awyddus i fod o fewn amgylchedd pêl-droed yn llawn amser wedi 'mhrofiadau yn Man U a Rotherham. Diolchais i Kenny am y cynnig ond bu'n rhaid i mi wrthod. Taniodd y cyfnod yn y Barri fy awydd i chwarae unwaith yn rhagor.

Penderfynais arwyddo gyda Cwmbrân Town. Roedden nhw yng nghanol tabl Uwch Gynghrair Cymru ar y pryd. Dim ond un noson yr wythnos ac ar benwythnos y byddai'n rhaid i mi chwarae – roedd hynny yn fy siwtio i'r dim. Aelod pwysig o'r garfan oedd un o arwyr clwb pêl-droed Caerdydd yn ystod yr 80au hwyr a'r 90au, sef yr amddiffynnwr Jason Perry. Chwaraeodd bron i 300 o gemau i'r Adar Gleision, ac roedd yn rhan allweddol o'r tîm pan awn i wylio gemau yn grwtyn gyda fy nhad a 'mrawd ym Mharc Ninian. Roedd bellach yn ei 30au ac yn dod i ddiwedd ei yrfa, ond roedd yn dal i fod yn hynod o gystadleuol ar y cae ac yn llawn hwyl oddi arno. Bu ei ddylanwad yn fodd i adfer fy nghariad at y gêm. Roedd hi hefyd yn bleser bod ymhlith chwaraewyr gyda swyddi dyddiol oedd yn chwarae pêl-droed yn rhan amser er mwynhad, yn hytrach nag am unrhyw fudd mawr ariannol.

Cytunais i chwarae yn yr amddiffyn am weddill y tymor ar y ddealltwriaeth taw yng nghanol cae y byddwn yn chwarae o hynny ymlaen. Ro'n i wedi aberthu'r cyfle i chwarae yn y safle er mwyn arwyddo gyda Man U. Ymunais gyda Rotherham fel amddiffynnwr, ond teimlwn bod fy ffitrwydd naturiol wedi ei wastraffu wrth chwarae yn y cefn. Chwaraeais yng nghanol y cae mewn un gêm i'r ail dîm oherwydd anafiadau i'r chwaraewr canol cae arferol. Rhyfeddodd y rheolwr at lefel uchel fy mherfformiad yn y safle. Nid oedd gennyf yr hyder i herio'r clwb i roi mwy o gyfleodd i mi yng nghanol cae. Ond yng Nghwmbrân ro'n i am chwarae yng nghanol y cae neu ddim o gwbl.

Bu bron i Gwmbrân ennill tlws cwpl o fisoedd wedi i mi ymuno. Llwyddasom i gyrraedd rownd derfynol Cwpan Cymru a'r Barri, yn eironig, oedd y gwrthwynebwyr. Daethom o fewn trwch blewyn i'w curo a ninnau ar y blaen, 2-1, cyn iddyn nhw unioni'r sgôr gyda chic ola'r gêm. Aethant ymlaen i ennill ar giciau cosb. Wrth i mi gymryd fy nghic rhoddodd y sylwebydd Malcolm Allen y *kiss of death* i mi wrth fy enwi fel seren y gêm. Methais y gic heb i Baruwa y gôl-geidwad orfod arbed hyd yn oed wrth i'r bêl boblio heibio ochr anghywir y postyn.

Ro'n i'n ffodus i beidio arwyddo gyda'r Barri. Enillodd y clwb y dwbl y tymor hwnnw ond yn yr haf aethant i *administration* yn sgil trafferthion ariannol a bu'n rhaid cael gwared ar y mwyafrif o'r garfan. Synhwyrais ychydig o aflonyddwch yno wrth ymarfer gyda nhw.

'Where is the cash, Fash?' fyddai'r neges o'r ystafell newid. Roedd y clwb yn hwyr yn talu cyflogau rhai o'r chwaraewyr. Roedd Fash eisoes yn cynllunio ei ddihangfa, wrth iddo ddianc i Awstralia i ymddangos ar yr ail gyfres o'r rhaglen deledu *I'm a Celebrity Get Me Out Of Here* a ddarlledwyd ym mis Ebrill y flwyddyn honno.

Derbyniais alwad i ymuno gyda sgwad led-broffesiynol Cymru ar gyfer twrnament yn erbyn Lloegr, Iwerddon a'r Alban dros yr haf. Roeddwn wedi bod yn dioddef gyda *hamstring* stiff ers y gêm derfynol. Gwaethygodd y stiffrwydd wrth ymarfer gyda'r garfan, felly gorfodwyd i mi dynnu'n ôl cyn i'r gystadleuaeth gychwyn. Do'n i ddim yn rhy siomedig. Roedd y teimladau tywyll wedi diflannu yn fuan wrth ddychwelyd adref ac roedd hynny yn llawer pwysicach ar y pryd o'i gymharu ag unrhyw lwyddiannau ar y cae. Ond yn anymwybodol ar yr un adeg ro'n i'n parhau i gysylltu fy hapusrwydd yn ormodol gyda materion allanol fel byw yng Nghaerdydd, chwarae pêl-droed, llwyddo i fynd i Brifysgol yn hytrach nag edrych yn fewnol. Llwyddai'r momentwm allanol i gadw'r bwganod draw am y tro.

Dros yr haf penderfynais dderbyn swydd dros dro mewn banc i gynllo ychydig o arian cyn dechrau yn y Brifysgol. Ro'n i'n bwriadu aros adref i astudio ond ym mis Awst ymunodd Alan Lee, ymosodwr Rotherham gyda Chaerdydd am £850,000. Do'n i ddim mor gyfeillgar â hynny gydag Al pan o'n i'n Rotherham. Y prif reswm dros hyn oedd oherwydd ein bod ni'n newid mewn ystafelloedd gwahanol yn y ganolfan ymarfer, felly ddaethom ni ddim i adnabod ein gilydd yn dda iawn. Cysylltais gydag ef wedi iddo ymuno â Chaerdydd i'w longyfarch. Gofynnodd i mi a oedd gen i ddiddordeb symud i fyw gyda fe. Roedd yr ymosodwr o Weriniaeth Iwerddon wedi prynu tŷ mawr ym Mhontcanna ger canol y ddinas. Nid oedd yn hoff o fod ar ben ei hun ac ar ôl mwynhau cymaint o annibyniaeth am ddwy flynedd wedi ymuno gyda Rotherham, do'n i ddim am aros adref am byth felly cytunais i fyw gyda fe. Syfrdanwyd Alan gan y newid ynof o'i gymharu â'r bachgen tawel a welodd yn Rotherham.

'Rhod, I genuinely thought you were mute when you were at the club,' meddai wrth y bwrdd brecwast un tro.

Nid fi oedd yr unig un lojar yn y tŷ. Roedd Layton Maxwell, oedd ddwy flynedd yn hŷn na mi, yno hefyd. Roedd Layton, a hanai yn wreiddiol o Lanelwy, yn chwaraewr canol cae addawol yn fachgen ifanc. Chwaraeodd yn yr un tîm ieuenctid yn Lerpwl â Steven Gerrard a Michael Owen. Cynrychiolodd dîm cyntaf Lerpwl unwaith ond ni thaniodd ei yrfa fel gyrfaoedd Steven a Michael. Aeth ar fenthyg i Stockport am dymor, cyn ymuno gyda Chaerdydd wedi i'w gytundeb gyda Lerpwl ddod i ben. Ond rhyddhawyd ef wedi dau dymor gyda'r Adar Gleision. Chwaraewr arall a fu'n byw gyda ni oedd David Hughes. Chwaraeodd gasgliad o gemau yn yr amddiffyn i Aston Villa yn yr Uwch Gynghrair ar ddiwedd y 90au. Dyna sut roedd Alan a fe yn adnabod ei gilydd oherwydd dechreuodd Alan ei yrfa fel prentis yn Aston Villa. Cafodd Dave ei ryddhau, cyn mynd yn ei flaen i chwarae i'r Amwythig a Chaerdydd ond dioddefodd lawer o anafiadau i'w ben-glin gan orfod ymddeol o'r gêm yn 2003 ac yntau yn ddim ond 25 mlwydd oed ar y pryd. Roedd yn mynd trwy ysgariad gyda'i wraig pan symudodd atom.

Ro'n i hefyd yn sengl wedi i 'mherthynas gyda Charlotte ddod i ben. Roedd cymaint wedi newid ers i ni gwrdd am y tro cyntaf nes fod y gwahanu yn teimlo'n anochel – *fresher* nid *full time footballer* o'n i bellach. Roedd Layton, Dave a minnau wedi derbyn siomedigaethau mawr yn ein bywydau, ac er i ni gael llawer o hwyl yn y tŷ rhwng y partïo a'r jocian, wnaethon ni erioed drafod ein teimladau a rhannu ein profiadau gyda'n gilydd. Roedd diwylliant yr ystafell newid wedi treiddio yn rhy ddwfn ynom.

Doedd Alan ei hun ddim yn cael llawer o lwc ar y cae. Dioddefodd gwpl o anafiadau ac ni sgoriodd lawer o goliau. Yn aml byddai'n dod yn ei flaen fel eilydd oherwydd ni allai ddisodli Robert Earnshaw a Peter Thorne o'r tîm. Roedd y ddau wedi ffurfio partneriaeth ymosodol gref i'r clwb. Er y frwydr ar y cae, roedd Alan a Peter yn ffrindiau agos oddi arno, a byddem yn treulio amser gyda'n gilydd yn aml. Bondiodd Peter a finnau yn gyflym. Do'n i ddim wedi cwrdd ag unrhyw un tebyg iddo yn y byd pêl-droed o'r blaen – byddai'n mynd i syrffio yn aml wedi ymarfer. Roedd hefyd yn hoff o'r un gerddoriaeth â mi sef bandiau *indie* anadnabyddus. Cyflwynodd fi i ganwr o America o'r enw Joseph Arthur, artist sydd yn parhau i fod yn ffefryn i mi hyd heddiw. Y ffaith fwyaf diddorol am Peter oedd nad oedd ganddo deledu adref.

'What do you do with your time then?' gofynnais iddo.

'Surf, play board games, anything really.'

'So you don't have TV in the house at all then?!' O'n i heb gwrdd ag unrhyw un heb deledu.

'Well I do have one, but we keep it in the attic.'

'What's the point in that?'

'Well my Dad, who is a traditional Northerner, always moans when he comes down so I have to have it ready on standby.'

131

Do'n i ddim wedi cadw mewn cysylltiad gyda llawer o'm hen ffrindiau yn United wedi gadael. Dyna yw natur byd pêl-droed – rydych yn rhannu'r llwyddiannau, y siomedigaethau – cyn symud ymlaen yn ddi-ffws. Ro'n i'n parhau i fod mewn cysylltiad cyson gyda Marek. Roedd e wedi ei chanfod hi'n galed i feithrin gyrfa yn y gêm wedi iddo gael ei ryddhau gan Southend yn y Drydedd Adran yn 2002. Roedd Alan McDermott, fy mhartner yn yr amddiffyn yn United, wedi para tymor arall yn y clwb cyn cael ei ryddhau. Methodd Bojan Djordjic i dorri i'r tîm cyntaf, ac roedd ar fenthyg yn Red Star Belgrade. Roedd yr ymosodwr Danny Webber wedi gadael y clwb gan ymuno gyda Watford. Ar gyfer tymor 2003/4 roedd ganddo gwmni adnabyddus wrth i Syr Alex adael i'w bartner ymosodol yn y tîm ieuenctid, Jimmy Davis, oedd â thri thymor yn weddill ar ei gytundeb, ymuno gyda Watford ar fenthyg.

Roedd y tymor ar fin cychwyn ond roedd Jimmy wedi anafu. Derbyniais alwad ganddo.

'Rhod, come down tomorrow for a night out in Birmingham. I'm injured so not playing Saturday. It will be good to see you.'

'Sorry mate, I can't. I'm doing this temp job before I start uni and it's nine to five, Monday 'til Friday.'

'No worries mate, another time then!'

'Definitely Jim, look forward to it.'

Doeddem ni ddim wedi siarad am gwpl o fisoedd, ond dyma oedd y sgwrs olaf i ni ei chael.

Ro'n i'n paratoi ar gyfer y tymor newydd gyda Cwmbrân un bore Sadwrn. Wedi gorffen ymarfer gwelais fod neges destun ar y ffôn gan fy mrawd.

'Ti wedi clywed y newyddion trist am Jimmy?'

Ar y nos Wener cyn y gêm ar y dydd Sadwrn penderfynodd Jimmy ddychwelyd adref i Redditch i fwynhau noson mas gyda'i ffrindiau. Byddai'n rhaid iddo ddychwelyd i'r clwb y bore canlynol i dderbyn triniaeth ar ei anaf. Yn anffodus penderfynodd Jimmy yrru'n ôl i Waford am bedwar y bore, ac yntau dros y terfyn alcohol. Gyrrodd ei gar i mewn i gefn lori ar y draffordd. Bu farw'n syth o anafiadau difrifol i'w ben, ac yntau yn ddim ond 21 mlwydd oed ar y pryd. Pan es i aros gyda'i deulu tra ro'n i'n United, dwi'n cofio ei fam, Jenny, yn dweud wrtha i:

'Rhod, I just wish Jimmy was more sensible like you sometimes.' Rhoddais chwerthiniad bach. Ar y pryd dyheuwn i fod yn fwy fel fe. Fyddai Jimmy ddim yn pendroni wedi perfformiad gwael – ymlaen at y gêm nesaf oedd ei agwedd ond gallai fod yn ddiofal ar adegau.

Chwaraeodd i United unwaith a hynny yn erbyn Arsenal yn Highbury mewn gêm Gwpan Gynghrair yn 2001. Anghofiodd Jimmy ei fŵts. Yn ffodus iddo llwyddodd i fenthyg pâr sbâr gan un o'r chwaraewyr eraill oedd yn digwydd ei ffitio.

Roedd y ddau ohonom yn arfer dwli ar gân ddawns o'r enw 'You Don't Even Know Me' gan Armand Van Helden pan fyddem yn mynd i bartïo. Dyma rai o eiriau'r gân:

You don't even know me,
You say that I'm not living right;
You don't understand me,
So why do you judge my life?

Mae gan y geiriau ystyr wahanol wedi digwyddiadau'r noson dywyll honno ar y draffordd. Ni allaf wrando ar y gân yn yr un ffordd erbyn hyn – mae hi'n diwn orfoleddus ond mae yna dristwch ynghlwm â hi nawr. Yn ffodus ni ddioddefodd gyrrwr y lori anafiadau difrifol. Ond ro'n i'n grac oherwydd do'n i ddim am i bobol ei gofio am y weithred honno.

Aeth sgwad Man United i gyd i'r angladd ynghyd â thros bedwar cant o bobol eraill. Wyneb cyfarwydd ymysg y galarwyr oedd David Beckham. Roedd newydd ymuno gyda Real Madrid ond hedfanodd o Sbaen ar gyfer yr achlysur. Cafodd ffrae gyda Syr Alex cyn iddo adael United ond roedd yr angladd yn gyfle iddynt anghofio am hynny. Gwisgodd pawb mewn du, ac eithrio ei deulu. Dewison nhw wisgo crysau pêl-droed o bob lliw gydag enw Jimmy ar y cefn. Llifodd y dagrau wrth i'w chwaer fach Katie ddarllen darn o farddoniaeth a gyfansoddodd am ei brawd mawr.

Stadiwm y Mileniwm oedd lleoliad rownd derfynol cwpan yr FA y tymor hwnnw, gan fod Wembley yn cael ei adnewyddu. Enillodd United y gêm ond y dathliadau yw fy mhrif gof o'r achlysur. Cyn codi'r gwpan newidiodd carfan United eu crysau, gan wisgo crysau rhif 36 gyda *Davis* ar y cefn fel teyrnged i Jimmy. Roedd y byd pêl-droed wedi colli'r cyfle i weld ei ddoniau aruthrol. Ond yn bwysicach, ro'n i wedi colli ffrind a'i deulu annwyl wedi colli rhan ganolog o'u bywydau.

Pennod 14

PENDERFYNAIS ADAEL CWMBRÂN ar ddechrau tymor 2004/5 a derbyn cynnig i arwyddo i Gaerfyrddin. Roedd yr Hen Aur yn awyddus i ailadeiladu, wedi iddynt bron â chwympo o'r Uwch Gynghrair y tymor cynt. Roeddwn wedi chwarae ar Barc Waun Dew sawl gwaith ac wedi mwynhau'r achlysuron hynny. Roedd gan Gaerfyrddin gefnogwyr ffyddlon a chroesawgar ac roedd hi'n braf gweld y Gymraeg mor amlwg o fewn y clwb. Doedden nhw ddim wedi ennill tlws ers sawl blwyddyn, felly edrychwn ymlaen am y sialens o geisio newid hynny. Ro'n i'n ddiolchgar i Gwmbrân am roi'r llwyfan i mi fwynhau pêl-droed unwaith eto. Rhoddodd y rheolwr y gapteniaeth i mi ar ddechrau'r tymor blaenorol, felly teimlwn yn drist yn gadael. Cynigwyd mwy o arian i mi aros, er mwyn ceisio cystadlu gyda chynnig hael Caerfyrddin, ond ro'n i wedi gwneud fy mhenderfyniad.

Y tîm rheoli yng Nghaerfyrddin oedd Mark Jones, a oedd newydd gael ei enwi fel rheolwr y clwb wedi iddo adael Port Talbot. Yr hyfforddwr oedd cyn-amddiffynnwr rhyngwladol Cymru, Mark Aizlewood. Roedd wedi wynebu trafferthion oddi ar y cae yn ei fywyd personol, ond ar y maes chwarae roedd yn hyfforddwr eithriadol. Doedd gan Mark Jones ddim cefndir mor gyfoethog ag Aizlewood ar lefel ucha'r gêm, ond roedd ganddo gymaint o angerdd am bêl-droed. Dywedodd ei fod am i mi fod yn gapten ar dîm *newydd* Caerfyrddin wedi i sawl chwaraewr ymuno gyda'r clwb, gan gynnwys un o'r chwaraewyr mwyaf llwyddiannus yn hanes Cynghrair Cymru, y cefnwr chwith Gary Lloyd a fwynhaodd yrfa ddisglair gyda'r Barri a derbyn galwad i garfan Cymru gan Bobby Gould yn ystod y 90au.

Bu bron i ni ennill y dwbl yn y tymor cyntaf wrth i ni guro'r Rhyl i ennill Cwpan y Gynghrair, cyn llwyddo i gyrraedd rownd derfynol Cwpan Cymru, ond cawsom ein curo gan y Seintiau Newydd. Er y siomedigaeth o fethu ennill y ddwy gwpan, roedd yna reswm i ddathlu. Enillodd y Seintiau Newydd y gynghrair hefyd y tymor hwnnw. Golygai hyn y byddent yn cystadlu yn Nghynghrair y Pencampwyr, gan olygu taw collwyr rownd derfynol Cwpan Cymru fyddai yn cystadlu yng Nghwpan UEFA y tymor canlynol. Felly ni, ynghyd â'r Rhyl, a orffennodd yn ail yn y gynghrair, fyddai'n cynrychioli Cymru yn y gystadleuaeth. Gorffen yn chweched wnaethom ni yn y gynghrair – gwelliant o'i gymharu â'r tymor cynt. Yn bersonol ro'n i'n ffodus i fod ar y cae o gwbl ar gyfer y ddwy ffeinal, wedi digwyddiad dychrynllyd ar drothwy'r Nadolig y tymor hwnnw.

Roedd y ffordd y chwaraewn gemau yn ei gwneud yn hawdd i mi gael anafiadau. Byddwn yn taflu fy hun i bob tacl. Cefais fy nanfon oddi ar y cae ym Mhorthmadog ym mis Rhagfyr, ond nid cerdyn coch oedd y rheswm dros hynny. Yn ystod yr hanner cyntaf fe neidiais i benio'r bêl yng nghylch canol y cae. Fy atgof nesaf oedd clywed sŵn hofrennydd wrth i mi ddeffro yn fflat ar fy nghefn ar wely cludo ar ochr y cae, gyda fy ngwddf mewn *brace*. Roedd un o'r amddiffynwyr wedi rhedeg ymlaen o'i safle yn y cefn i benio'r bêl. Amserodd ei naid fymryn yn hwyr ac fe drawodd fy mhen, gyda'i holl fomentwm yn achosi i mi gael ffit ar y cae.

'I'll be ok to go back on,' dywedais wrth y ffisio a arhosodd yn ufudd wrth fy ochr. Edrychodd arna i'n syn. Cyffyrddais fy ngwyneb a theimlais rwyg tua modfedd a hanner rhwng fy ngwefus a 'nhrwyn. Rhaid fod nerth y trawiad wedi achosi i mi gnoi trwy'r cnawd. Trosglwyddwyd fi i'r hofrennydd ac wrth godi, lapiodd teimlad o heddwch amdana i. Doedd dim dewis gennyf ond ildio i'r amgylchiadau o'm cwmpas. Gwyddwn yn reddfol mod i heb wneud unrhyw niwed difrifol. Yr unig rwystredigaeth a deimlwn oedd taw dyma'r tro cyntaf i mi fod mewn hofrennydd ac allwn i ddim hyd yn oed edrych drwy'r ffenest!

Pen y siwrne yn yr hofrennydd oedd Ysbyty Gwynedd. Cadarnhaodd lluniau'r pelydr-X nad oedd difrod i'm gwddf. Bore trannoeth cefais fy nhrosglwyddo i Ysbyty Glan Clwyd i dderbyn triniaeth ar fy ngwyneb. Profiad annifyr oedd hi wrth i'r doctor bwytho fy ngwefus yn ôl at ei gilydd, a minnau ar ddi-hun trwy gydol y broses. Roedd tipyn o olwg arnaf gyda'r wefus wedi chwyddo a'm gwyneb yn gleisiau i gyd wrth i Dad fy nreifio'n ôl i Gaerdydd.

Bu bron angen hofrennydd arnaf cyn i mi gael fy ngeni. Ar y 7fed o Ionawr, 1982, claddwyd Cymru dan haen drwchus o eira, a gwympodd yn gyson am 36 awr. Roedd Mam yn feichiog gyda fi ar y pryd ac roedd Dad a hithau yn pryderu a fyddent yn medru cyrraedd yr ysbyty yn ddiogel ar gyfer yr enedigaeth, gyda'r eira yn 60cm o ddyfnder o'u cwmpas. Roedd milwyr wedi cael eu drafftio fewn i helpu i balu teuluoedd o'u cartrefi ac roedd hofrenyddion yn cael eu defnyddio i gludo bwyd at bobl ac i dywys cleifion i'r ysbytai. Yn ffodus i'm rhieni wnes i ohirio fy nyfodiad am bythefnos ac erbyn hynny roedd yr eira wedi toddi. Ond roedd yna argyfwng arall ar y gweill iddynt. Aeth yr enedigaeth ei hun yn ddiffwdan, ond yn fuan wedi dychwelyd adref daeth problem fawr i'r amlwg. Gwrthodais fwydo o gwbl am

137

ddeuddydd, chwyddodd fy mol, a do'n i ddim yn llenwi fy nghewyn o gwbl. Dychwelais i'r ysbyty, a chefais ddiagnosis o afiechyd anghyffredin o'r enw *Hirschsprung Disease*. Fel arfer, mae'r coluddyn yn gwasgu ac ymlacio, gan symud gwastraff yn ei flaen – proses sy'n cael ei rheoli gan y system nerfol. Golygai'r afiechyd fod y nerfau sydd yn gyfrifol am y symudiad yma'n absennol ar ben y coluddyn. Gorfu i mi gael llawdriniaeth i'w gywiro.

Ers hynny dwi wedi dioddef cyfnodau yn fy mywyd pan fydd fy stumog yn crampio, chwyddo a rymblo yn ddi-baid. Unwaith es i wylio sioe yn y theatr ac roedd fy stumog yn rymblo trwy gydol y perfformiad. Ro'n i'n eistedd reit yng nghanol y gynulleidfa ac felly yn methu dianc i'r tŷ bach yn hawdd. Yn ystod cyfnod tawel yn y sioe, dyma fy stumog yn gwneud synau mawr, gan foddi lleisiau'r actorion ar y llwyfan. Gwaeddodd boi o sawl rhes tu ôl '*Get yourself a bag of chips*' gan wneud i bawb droi i edrych yn syn arnaf.

Roeddwn wedi arfer dioddef poenau dwys yn fy mol cyn gemau. Ro'n i'n meddwl taw nerfau oedd y bai neu ddiodydd egni. Byddai'r poenau yn aml yn diflannu ar ddechrau'r gêm, ond yna'n dychwelyd tua hanner amser. Gorfodwyd i mi gael fy eilyddio ar hanner amser unwaith, wrth chwarae i Gaerfyrddin. Dywedais fod y ben-glin yn brifo, ond esgus ydoedd. Roedd gormod o embaras arna i i gyfaddef fod fy stumog yn peri loes i mi. Dychwelodd gweddill y tîm i'r cae ar gyfer yr ail hanner, a threuliais i'r rhan fwyaf o weddill y naw deg munud yn gwingo mewn poen yn y tŷ bach. Yn 2004 cafodd fy modryb (chwaer Mam) ei diagnosio gyda afiechyd *Coeliac* sef cyflwr lle mae system imiwnedd y corff yn ymosod ar feinweoedd y corff, wedi i berson fwyta *gluten*. Darllenais fod yr afiechyd yn etifeddol, felly es at y doctor am brofion. Efallai taw hwn oedd wrth wraidd y mater, ond daeth y profion yn ôl yn negatif.

Dysgais fyw gyda'r boen, ond wedyn ym Medi 2020, yng nghanol Covid-19, fe aeth pethau yn fwy difrifol, a minnau yn 38 mlwydd oed ar y pryd. Wedi cyrraedd adref o'r gwaith roedd y boen yn waeth nag yr o'n i wedi ei brofi o'r blaen. Roedd fy stumog wedi chwyddo'n arw, ac ro'n i'n gorfod gorwedd yn llipa ar lawr yr ystafell molchi oherwydd y boen. Dechreuais chwydu yn afreolus. Gwyddwn yn reddfol ei fod yn ddifrifol, ac yn oriau mân y bore, es ar frys i'r ysbyty. Cefais sgan a ddangosodd fod rhwystr yn y coluddyn a bod angen llawdriniaeth ar frys arnaf neu gallai beryglu fy mywyd. Y rheswm am y rhwystr oedd rhywbeth o'r enw *Meckel's Diverticulum* – chwydd yn y perfeddyn bach ac mae'n bresennol o enedigaeth. Mae'n effeithio ar 2% i 3% o'r boblogaeth ac i'r rhan fwyaf, nid yw'n achosi problemau, ond yn anffodus i mi roedd wedi achosi llanast.

Treuliais naw noson yn yr ysbyty yn gwella o'r llawdriniaeth. Roedd yn brofiad od oherwydd doedd dim ymwelwyr yn cael cadw cwmni i'r cleifion, ac roedd y nyrsys i gyd yn gwisgo mygydau. Bellach mae gennyf graith tua saith modfedd o hyd yn rhedeg i lawr fy mol. Efallai fod yr afiechyd *Hirschsprung* gyda chyfuniad o *Meckel's Diverticulum* wedi achosi problemau i mi yn ddiarwybod am bron i bedwar deg mlynedd. Mae gwyddonwyr yn ymwybodol bellach sut mae'r *gut* a'r ymennydd yn cyfathrebu gyda'i gilydd. Mae'r *gut* yn gallu anfon arwyddion i'r ymennydd, felly mae problemau yn y stumog a'r perfeddyn yn gallu bod yn ffactor mewn gorbryder, straen neu iselder.

Mae treulio amser mewn ysbyty yn fy atgoffa bob tro o ba mor fregus yw bywyd – roedd sawl un o'r cleifion o'm cwmpas yn dioddef afiechydon llawer mwy difrifol na mi. Yn y gwely gyferbyn â mi yn y ward roedd gŵr oedd yn dioddef o gancr *colorectal* a dim gobaith o wella. Roedd y gŵr nesaf ato yn dioddef o gancr y coluddyn, ac wedi cael

llawdriniaeth i dynnu'r tiwmor mas, gyda chemotherapi yn
aros ar y gorwel. Myfyriaf o bryd i'w gilydd am farwolaeth – nid mewn
ffordd afiach, ond er mwyn fy atgoffa'n gyson o'r hyn sydd
yn bwysig mewn bywyd, pan mae'r pethau di-bwys yn
bygwth rheoli. Toes gen i ddim ofn marw. Mae byw bywyd
sydd ddim yn driw i mi fy hun yn fwy o ofn i mi. Beth yw
pwynt ofni'n ormodol rhywbeth sydd yn rhan anocheladwy
o fywyd?

Er na ches yrfa hir, fe dderbyniais sawl trawiad difrifol i
'mhen wrth chwarae. Mae hyn yn peri gofid i mi. Mae hi'n
anodd gwerthuso'r effeithiau ar yr ymennydd, ac yntau'n
organ mor sensitif. Yn eironig derbyniais gnoc arall ar
fy mhen ar fy ymweliad nesaf â Phorthmadog. Bu'r bois
yn jocian ar y ffordd ynglŷn â pha ddull o drafnidiaeth y
byddwn yn ei ddefnyddio i adael y stadiwm wedi i'r gêm
orffen. Yn yr hanner cyntaf neidiais i benio'r bêl ger mainc
Porthmadog, gydag Osian Roberts, y rheolwr, gyferbyn.
Aeth popeth yn ddu.

'Sefyll ar dy draed, mae hyn yn embaras' meddyliais wrth
orwedd ar y cae mwdlyd. Codais yn sigledig ar fy nhraed,
gyda gwaed yn pistyllu o 'nhrwyn. Roeddwn wedi taro mhen
yn erbyn amddiffynnwr arall. Cofiaf edrych draw at Osian
oedd â golwg anghrediniol ar ei wyneb.

'Mae rhaid i ti ddal ati i chwarae, mae hi bron yn hanner
amser, gallet gael saib bryd hynny,' meddwn wrthyf fy
hun. Chwythodd y dyfarnwr ei chwiban i ddynodi hanner
amser.

'Y peth pwysig yw i beidio ildio, ac efallai y gallwn sgorio
pan fyddwn yn gwrth-ymosod i ennill y gêm,' oedd fy neges
i Kevin Aherne-Evans ein hasgellwr. Edrychodd yn syn
arna i.

'Rhod, ni un gôl ar ei hol hi.' Doedd gen i ddim co' o'r

gôl honno. Wnes i ddim ymddangos ar y cae ar gyfer yr ail hanner, ond llwyddais i ddal y bws adref gyda gweddill y tîm.

Bu bron i mi fethu ein gêm gyntaf yng Nghwpan UEFA oherwydd anaf, ond yn ffodus pasiais brawf ffitrwydd ddiwrnod cyn y gêm – er efallai y byddai wedi bod yn well petawn wedi methu'r prawf. Longford o Weriniaeth Iwerddon oedd ein gwrthwynebwyr yn y rownd gyntaf. Collon ni 2-0 yn y gêm gyntaf oddi cartref, ac roeddem yn lwcus i beidio ildio mwy gyda'n gôl-geidwad yn arbed nifer o'r ergydion. Roedden nhw yng nghanol eu tymor, tra oedd ein tymor ninnau heb gychwyn o ddifri. Roedd y gwahaniaeth yn amlwg – nhw yn llawer mwy ffit na ni, ond roedd hanner cyfle gyda ni o hyd wrth fynd mewn i'r ail gêm.

Parc Latham, Y Drenewydd, oedd y lleoliad ar gyfer y gêm gartref wedi i UEFA benderfynu nad oedd cyfleusterau Parc Waun Dew yn addas. Teimlai fel gêm oddi cartref arall oherwydd daeth 500 o gefnogwyr disgwyliedig Longford dros y môr gyda'r tîm i'w cefnogi. Daeth Alan Lee o Gaerdydd i wylio'r gêm gan fod un o'i ffrindiau o Weriniaeth Iwerddon yn chwarae i Longford.

Roeddem wedi elwa o gwpl o wythnosau ychwanegol o waith ffitrwydd ac yn llawer cryfach fel tîm, ond ar hanner amser y sgôr oedd 1-1. Golygai hyn y byddai'n rhaid i ni sgorio 3 gôl arall yn yr ail hanner, ac osgoi ildio gôl. Sgorion ni'n gynnar yn yr ail hanner ac roedd y momentwm gyda ni – ond roedd angen i ni sgorio dwy gôl arall. Sgoriwyd gôl arall wedi 65 munud.

Bellach roedd y dorf o Iwerddon oedd wedi bod yn uchel ei chloch trwy gydol y gêm yn ddistaw. Cawsom ddwy gôl arall yn y pymtheg munud olaf i selio buddugoliaeth fythgofiadwy o 5-1 i dîm yr Hen Aur o Gaerfyrddin. Doedd

hi ddim cweit fel yr olygfa yn y Camp Nou gyda United yn
'99, ond ar lefel bersonol dyma oedd fy nheimlad gorau ar
gae pêl-droed wrth i ni gyrraedd yr ail rownd.

Dewis dychwelyd i Gaerdydd yn y car gydag Alan ar
ddiwedd y gêm wnes i. Roedd hi'n hwyr y nos wedi'r holl
dathlu yn y Drenewydd.

'I'm just going to have to stop for petrol, as I'm on red,'
dywedodd wrth i ni neidio i'w gar newydd sbon.

'Al, this is mid Wales, there are no 24 hour petrol stations
around here!'

'Jeez, I guess we are going to have to stay over.' Dyma
oedd ein hunig opsiwn. Roedd digon o betrol ganddo yn y
tanc i gyrraedd Llandrindod. Yn ffodus roedd un ystafell
ar gael i ni rannu yng ngwesty'r Metropole. Cerddasom i
fewn ac yn y cyntedd roedd carfan Longford. Roeddent
yn dal mewn sioc wedi'r canlyniad. Treuliais y noson yn
ymddiheuro i'r chwaraewyr, ond yn mwynhau'r cwrw gyda
nhw. Gorfodwyd ni i adael yn gynnar drannoeth er mwyn i
Alan ddarganfod gorsaf betrol, cyn rhuthro yn ôl i Gaerdydd
er mwyn osgoi ffein am gyrraedd yn hwyr i ymarfer gyda'r
Adar Gleision.

FC Copenhagen o Ddenmarc oedd ein gwrthwynebwyr
yn yr ail rownd. Nhw ynghyd â Brondby yw'r tîm mwyaf
llwyddiannus yn y wlad, Roedd Copenhagen wedi ennill
y gynghrair yn 2002/3 a 2003/4, ond Brondby enillodd y
gynghrair y tymor cynt, gan olygu taw yng Nghwpan UEFA
fyddai Copenhagen yn cystadlu y tymor hwnnw. Roeddent
wedi mwynhau sawl gêm lwyddiannus yn Ewrop dros y
blynyddoedd cynt gyda buddugoliaeth yn erbyn Ajax yng
Nghwpan UEFA 2001/2 yn un o'r canlyniadau mwyaf
arwyddocaol.

Roeddent yn amlwg yn disgwyl rhoi crasfa i'r tîm bach
lled-broffesiynol o Orllewin Cymru. Roedd ganddyn nhw

sawl chwaraewr rhyngwladol o Ddenmarc yn y garfan, ynghyd â chwpwl o chwaraewyr fyddai yn adnabyddus i gefnogwyr Uwch Gynghrair Lloegr. Chwaraeodd yr ymosodwr Marcus Allbäck o Sweden dros 30 o gemau i Aston Villa cwpl o flynyddoedd ynghynt ac roedd yn sgoriwr rheolaidd i'w wlad hefyd. Chwaraeodd yng nghanol y cae yn fy erbyn y noson honno, ynghyd â'r capten Tobias Linderoth, oedd hefyd o Sweden. Chwaraeodd i Everton am dri thymor ac yn rheolaidd i'w wlad. Dyma oedd y llwyfan mwyaf i mi chwarae arno yn ystod fy ngyrfa, gyda'r stadiwm yn dal bron i 40,000 o bobl. Doedd y stadiwm ddim yn llawn y diwrnod hwnnw, gyda thorf o 10,000 yn yr eisteddle, ond dyma oedd y dorf fwyaf i mi chwarae o'i blaen. Roeddem yn annhebygol o guro'r cewri o Ddenmarc, ond ro'n i am brofi 'mod i'n ddigon talentog i chwarae ar y lefel yma wedi'r siom o beidio â llwyddo gyda Man U a Rotherham. Llwyddasom i gyrraedd yr ystafell newid ar hanner amser gyda'r sgôr yn 0-0. Yn anffodus, yn yr ail hanner sgoriodd y tîm o Ddenmarc ddwy gôl, ond doedd hi ddim yn embaras, ac ar lefel bersonol mwynheais gêm dda. Dywedodd gohebydd o'r *Daily Mirror* wrth ein hyfforddwr, Mark Aizlewood, taw fi oedd seren y gêm. Doedd dim angen canmoliaeth unrhyw un arnaf. Gwyddwn na fyddwn yn dychwelyd i'r gêm broffesiynol, ond teimlwn yn fodlon fy mod wedi profi i mi fy hun fod y gallu gennyf i gystadlu ar y lefel yma.

Cawsom dymor llwyddiannus yn yr FAW Premier Cup hefyd – cystadleuaeth a drefnwyd gan Undeb Pêl-droed Cymru rhwng 1997 a 2008 ac a ddarlledwyd ar BBC Cymru. Gwahoddwyd clybiau Cymru o gynghreiriau Lloegr i gystadlu, gyda Chaerdydd, Casnewydd, Wrecsam ac Abertawe yn ymuno gyda'r clybiau o Gynghrair Cymru y tymor hwnnw. Bu i ni guro Gaerdydd mewn buddugoliaeth annisgwyl yn rownd y chwarteri, ac roeddem o fewn trwch blewyn i guro tîm cryf Abertawe yn y rownd gyn-derfynol ond sgoriodd y chwaraewr canol cae, Andy Robinson, gôl arbennig yn yr amser ar gyfer anafiadau i unioni'r sgôr, cyn i Lee Trundle sgorio'r gôl fuddugol yn yr amser ychwanegol. Yn chwarae i Abertawe y noson honno roedd Alan Tate – roedd hi'n od gweld sut roedd ein gyrfaoedd wedi mynd i gyfeiriadau tipyn gwahanol ers chwarae gyda'n gilydd yn yr amddiffyn yn nhîm ieuenctid Man U flynyddoedd ynghynt. Roedd ei yrfa e yn mynd o nerth i nerth, tra roedd fy ngyrfa i, yn ddiarwybod i mi ar y pryd, ar fin cwympo dros y dibyn.

Gwyddwn fod y ben-glin yn dirywio'n raddol wrth chwarae yn y Gynghrair. Byddwn yn aml yn chwarae ar brynhawn Sadwrn ac yn treulio gweddill yr wythnos mewn poen, yn ceisio gostwng y chwydd er mwyn gallu chwarae y Sadwrn canlynol. Byddwn yn cwyno wrth fy rheolwr yn aml, ond dwi ddim yn meddwl ei fod yn sylweddoli difrifoldeb y sefyllfa. Gallwn chwarae i tua 75% o'm gallu yn ystod fy ngyrfa yng Nghynghrair Cymru, ond ar y lefel yna, roedd yn ddigon i mi berfformio'n dda. Gan nad oeddem yn broffesiynol ac yn ymarfer fel carfan cwpl o weithiau yr wythnos yn unig, gallwn guddio'r anaf rhag eraill i ryw raddau, ond wrth baratoi ar gyfer tymor 2006/7 doedd dim osgoi'r broblem rhagor.

Chwaraeais mewn gêm gyfeillgar ar ddechrau'r tymor heb deimlo unrhyw boen i'r ben-glin yn ystod y gêm. Ni dderbyniais gnoc ar y goes a wnes i ddim troi'n lletchwith ar y cae. Deffrais y bore canlynol ond allwn i ddim symud y goes yn iawn na rhoi fy holl bwysau arni. Ro'n i'n gwybod nad oedd yn debygol y byddwn yn mwyhau gyrfa hir wedi'r llawdriniaethau yn gynnar yn fy ngyrfa, ond do'n i ddim yn disgwyl i bethau ddirywio mor gyflym â hyn.

Doedd y ben-glin ddim yn ddigon sefydlog i ymdopi gyda

chwarae yn lled-broffesiynol hyd yn oed. Cysylltais gydag arbenigwr lleol o'r enw David Pemberton. Fe oedd y gŵr a welais wedi'r anaf i 'mhen-glin arall ar iard yr ysgol yn Glantaf – cyn i'r siwrne yn y byd proffesiynol ddechrau. Gwnes apwyntiad i fynd i'w weld. Penderfynais ofyn i'r rheolwr ddod gyda mi er mwyn iddo ddeall difrifoldeb y sefyllfa, gyda gyrfa ei gapten bellach mewn lle ansicr iawn.

Pennod 15

Liberty is having a mind superior to injury, a mind that makes itself the only source from which its pleasures spring, that separates itself from all external things, avoiding the unquiet life of one who fears everybody's laughter, everybody's tongue.'

Seneca

R̲H̲O̲D̲R̲I̲ H̲A̲S̲ G̲O̲T̲ the knee of a fifty year old ex-footballer.'

Dangosodd y sgan MRI fod yna ddifrod aruthrol i ochr allanol y ben-glin, yn ogystal â thu ôl i gap y ben-glin. Gobaith yr arbenigwr oedd y byddai natur yr anaf yn addas ar gyfer triniaeth o'r enw *articular cartilage grafting*. Golygai hyn ddefnyddio rhan o'r asgwrn, y cartilag a'r bôn-gelloedd (*stem cells*) i greu pâst a'i roi yn ôl yn y ben-glin, er mwyn ceisio adnewyddu'r cartilag oedd wedi ei ddifrodi. Ond yn anffodus oherwydd natur a maint y difrod nid oedd y llawdriniaeth yn addas i mi wedi'r cwbl. Mae'n llawdriniaeth fawr a byddai gwella wedi cymryd amser hir a doedd dim sicrwydd y byddai'r ben-glin yn gweithio wedyn hyd yn oed. Petawn yn iau ac yn dal i chwarae'n broffesiynol efallai y byddai'r llawdriniaeth wedi bod yn werth y risg ond nid mwyach.

Roedd difrifoldeb y sefyllfa wedi taro Mark, fy rheolwr, o'r diwedd. Ro'n innau mewn sioc. Do'n i ddim yn ymwybodol fod y ben-glin wedi dirywio cymaint â hyn. Wnaiff arbenigwyr fyth gynghori rhywun i ymddeol. Eu

146

swydd yw darparu'r wybodaeth a'r opsiynau sydd ger bron. Roedd dau opsiwn gennyf. Y cyntaf oedd i barhau i chwarae, gan wybod fod y ben-glin yn mynd i waethygu. Yr ail oedd ymddeol.

Roedd fy mhen yn dweud wrtha i barhau ac i anwybyddu'r hyn a ddywedwyd gan yr arbenigwr. Byddai cymalau'r ben-glin yn dirywio wrth heneiddio beth bynnag. Ond roedd y llais o'r galon yn uwch. Efallai na fyddwn yn gallu chwarae gyda 'mhlant rhyw ddiwrnod.

Gadawais yr ystafell gyda'r penderfyniad i ymddeol wedi ei wneud. Wrth gau drws y car yn glep teimlais ryddhad. Roedd y straen o boeni am y ben-glin wedi bod yn un enfawr ac roedd ceisio gwella'r chwydd trwy'r amser yn flinedig. Nid oedd rhaid poeni am hynny bellach. Llai na deng mlynedd wedi i mi adael cartref i chwarae i Man U, ro'n i mas o'r gêm yn gyfan gwbl, a minnau yn 24 mlwydd oed ar y pryd. Gyrrais o'r ysbyty gyda'r hedyn o deimlo'n ddi-werth bellach wedi ei blannu yn ddwfn yn fy mhen.

Do'n i ddim yn sylwi ar y pryd faint o fy hunaniaeth oedd wedi cael ei rwymo ynghlwm â'r gêm. Fy ffordd o geisio ymdopi gyda'r golled oedd i geisio bod fel robot gan atal yr emosiynau rhag llifo trwy fy nghorff. Wnes i erioed ypsetio.

Wedi ymddeol ysgrifennais bwt i gylchgrawn clwb Caerfyrddin. Dyma ddyfyniad ohono:

Football will leave a void in my life but I'm sure I will find things to fill that void. I remember Bill Shankly was once famously quoted saying 'Some people believe football is a matter of life and death. I can assure you it's much more important than that.' Well, sorry, Bill... it's important, but not quite that important.

Es i ddim i weld cwnselydd. Yn hytrach, es â bwndel arian i siop gerddoriaeth yng nghanol Caerdydd er mwyn prynu gitâr acwstig. Wnes i ddim hyd yn oed ganu'r offeryn cyn rhoi'r arian i'r gweithiwr yn y siop. Gofynnais iddo pa un fyddai e yn gwario ei arian arni, a sefyll nôl wrth ei wylio yn ei chwarae'n gelfydd. Fel gyda'r piano, dysgais yn gyflym taw yn fy nhraed ac nid yn fy nwylo mae'r dalent. Mae angen dal ati i feistroli unrhyw gamp, ac er mod i'n dwli gwrando ar gerddoriaeth, gwyddwn yn reddfol nad oedd hyn i mi. Rhoddais y gitâr i fy chwaer Lisa fel anrheg ar gyfer ei phen-blwydd yn ddeunaw oed.

Graddiais o'r Brifysgol gyda 2:1 mewn Busnes, ond gwyddwn nad bod yn *entrepreneur* oedd y dymuniad ar y pryd. Mae fy nhad yn gweithio fel cynhyrchydd a chyfarwyddwr teledu. Yn blentyn, ro'n i wrth fy modd ar setiau teledu pan oedd e'n arfer mynd â fi i'r gwaith gyda fe. Roedd bod ar set fel camu mewn i fyd arall – ychydig bach fel camu ar gae pêl-droed. Gwelais fod cwmni Avanti yn hysbysebu am ymchwilydd i weithio ar y gyfres deledu *Jonathan*. Ymgeisiais am y swydd a derbyniais alwad ganddynt y bore canlynol yn cynnig i mi fynd i weithio iddynt ar dreial. A dyna ni, dim cyfweliad, dim cwestiynau am y radd Busnes. Roedd fy ngyrfa ym myd teledu wedi dechrau gan ddilyn ôl troed fy Nhad.

Mi wnes i barhau i gadw 'nhroed yn y byd pêl-droed drwy sylwebu fel ail lais i Radio Cymru yn achlysurol ar rai o'r gemau; ond ro'n i'n segur ar y rhan fwyaf o brynhawniau Sadwrn. Doedd gen i ddim ddiddordeb mynd i fyd hyfforddi ar y pryd. Byddwn yn mynd i'r gampfa yn rheolaidd ac yn ymarfer gyda'r un dwyster ag y gwnawn cyn ymddeol. Yn araf bach dechreuodd y gwacter heb bêl-droed amlygu ei hun. Roedd y tawelwch yn fyddarol heb bantyr y bois o'm cwmpas ac roedd y wefr a'r tensiwn a ddeuai'r pêl-droed i 'mywyd wedi hen ddiflannu.

Ym mis Rhagfyr 2006 hysbysebodd BBC Cymru am

swydd ymchwilydd i weithio ar raglen uchafbwyntiau cynghrair pêl-droed Cymru. Perffaith meddylies. Byddai'n golygu fy mod yn gallu cadw'n agos â digwyddiadau'r gynghrair. Llwyddais i gael y swydd ond yn weddol fuan daeth i'r amlwg taw efallai nad dyma'r dewis mwyaf doeth i mi ar y pryd. Byddai chwaraewyr o dimau eraill yn gofyn byth a beunydd ynglŷn â'r ben-glin, a gorfodwyd i mi atgoffa rheolwyr a chwaraewyr fy mod wedi ymddeol – ac nid wedi cymryd gwyliau neu saib o bêl-droed.

Cyrhaeddodd Caerfyrddin rownd derfynol Cwpan Cymru ar ddiwedd y tymor y gwnes i ymddeol. Ro'n i'n eistedd yn y tryc darlledu yn y maes parcio, yn gweithio ar y gêm wrth i Gaerfyrddin gipio'r tlws. Ro'n i'n llawn rhwystredigaeth ac eisiau gwisgo'r cit a rhedeg mas o'r tryc, a thrwy'r gatiau i ymuno gyda fy ffrindiau ar y cae – ond bellach ro'n i ar y tu fas yn edrych i mewn. Ro'n i'n hapus dros y tîm, y cefnogwyr a'r tîm rheoli, ond roedd hynny'n anodd ar lefel bersonol; yn enwedig gan i mi golli mewn dwy ffeinal Cwpan Cymru.

Cymaint oedd y rhwystredigaeth nes i mi geisio dychwelyd i'r cae yn ystod y tymor canlynol. Roedd y ben-glin wedi setlo gan nad o'n i'n gwneud rhyw lawer i'w chynhyrfu. Dechreuais gredu'n obeithiol fod y ben-glin wedi gwella'n wyrthiol heb ymyrraeth. Roedd cyn-amddiffynnwr Wrecsam, Deryn Brace, wedi cymryd yr awenau yng Nghaerfyrddin. Cysylltais gydag ef i weld os allwn fynd i ymarfer gyda nhw ac fe gytunodd. Roedd y ben-glin yn ymdopi yn weddol gyda hynny, ac ym mis Ionawr 2008 gwisgais git yr Hen Aur unwaith eto, a hynny mewn gêm fawr i'r clwb yn rownd chwarteri yr FAW Premier Cup, gyda thîm cryf y Seintiau Newydd yn wrthwynebwyr. Roedd Mark Aizlewood yn dal yn rhan o'r tîm hyfforddi, a gwyddai taw y peth gorau i wneud gyda mi oedd fy ngadael yn rhydd ar y cae.

Chwaraeais o'r chwiban gyntaf a hynny wedi tymor

a hanner i ffwrdd o bêl-droed. Ro'n i'n llawn egni yn y gêm wrth i ni achosi sioc drwy ennill 3-1 ar ôl yr amser ychwanegol. Chwaraeais bob munud o'r 120 ond dim ond dwy gêm yn unig y llwyddais i'w chwarae wedyn. Llanelli oedd y gwrthwynebwyr yn y rownd gyn-derfynol ond tarodd realiti yn gynnar yn y gêm. Wrth i mi newid cyfeiriad yn sydyn, teimlais boen yn y ben-glin. Dyma oedd y diwedd.

Dwi ddim yn difaru dychwelyd. Ro'n i angen cadarnhad fod y ben-glin wedi'i difetha a theimlai'n fwy priodol i ddeall hynny ar y cae pêl-droed yn hytrach nag yn ystafell yr arbenigwr.

Dwi wedi sôn eisoes mod i'n gweld tebygrwydd o ran personoliaeth gyda'r chwaraewr rygbi Jonny Wilkinson (ar wahân i'r llwyddiannau!). Ym mis Medi 2019 darllenais gyfweliad arall gyda fe yn y *Guardian* ynglŷn â'i atgofion o'i yrfa. Dyma beth ddywedodd:

> I spent my career surviving the pressure I put on myself. When you get to the end you look back and say 'what did I do with my career?' I survived it... I lived a huge amount of my career thinking I was going to achieve joy through suffering, but all I did was create a habit of suffering. I lived for those beautiful moments of being in the zone during the games, and I told myself they were the result of the ridiculous suffering I went through and the sacrifices I made. So I told myself I had to suffer more, because that was the way I was going to get back into the zone.

Mae hynny yn cyd-fynd gyda 'mhrofiadau i ym myd pêl-droed. Hyd yn oed ar y lefel led-broffesiynol ro'n i'n galed arnaf fi fy hun ac yn ei chael hi'n anodd i ymlacio. Ro'n i angen torri cysylltiad yn llwyr â'r byd pêl-droed. Gadawais fy swydd fel ymchwilydd pêl-droed a mynd i weithio ym myd teledu plant, a hynny ar raglen o'r enw *Mosgito* a gâi ei chynhyrchu gan BBC Cymru.

Er nad o'n i'n yn gweithio ar bêl-droed mwyach, doedd

hi ddim yn bosib ei anwybyddu yn gyfan gwbl. Fel rhan o'm gwaith byddwn yn gyrru heibio caeau pêl-droed ledled Cymru a dechreuai'r meddwl gynhyrfu.

Dychmygais sgorio perl o gôl yng Nghribyn...

Ennill tacl hollbwysig yng Nghaersŵs...

Lledu'r bêl mas yn glinigol i'r asgellwr ar y cae yn Aberaeron...

Mae'r tueddiad naturiol hwn yn parhau hyd heddiw – alla i ddim ei reoli. Dwi'n sicr fod nifer o gyn-chwaraewyr yn gallu uniaethu â hyn.

Ar brynhawniau Sadwrn roedd yna gymysgedd o deimladau wrth weld chwaraewyr a chwaraeais gyda hwy yn bwrw ymlaen gyda'u gyrfaoedd. Ro'n i'n 26 ar y pryd. Dyma pryd y dylwn fod yn mwynhau blynyddoedd euraidd fy ngyrfa – ond nawr ro'n i wedi llithro i'r gwaelodion. Ro'n i'n hapus ond yn rhwystredig wrth weld chwaraewyr fel Jermaine Easter, Rob Earnshaw a James Collins yn mynd yn eu blaenau i gynrychioli Cymru. Ffeindiais hi'n galed i wylio Cymru yn chwarae am gyfnod.

Es i wylio tîm addawol Cymru dan 17 yn chwarae ar Barc Waun Dew unwaith, gyda Joe Allen ac Aaron Ramsey ifanc yn rheoli yng nghanol cae. Gwelais sgowt yno oedd yn fy adnabod. Dywedodd wrtha i 'There wasn't anyone better than you in Wales when you were younger.' Er taw trio gwneud i mi deimlo'n well oedd e, gwnaeth i mi deimlo'n waeth. Stopies fynd i wylio gemau pêl-droed fel cefnogwr am gyfnod.

Roedd myfyrio'n helpu. Wrth eistedd gyda'r meddyliau a chanolbwyntio ar yr anadl, sylweddolais mor brysur oedd fy meddwl. Allwn i ddim cyfri deg anadl yn olynol heb i'r meddyliau ymyrryd – ond wrth barhau i ymarfer byddai'r meddyliau yn mynd ychydig yn llai afreolus. Gwelais hefyd fod y meddyliau yn mynd a dod yn naturiol.

Mae hi'n anodd gwerthuso effeithiau myfyrio o'i gymharu ag ymarfer corff lle gellir, er enghraifft, bwyso eich hun a gweld siâp y corff yn newid. Ceir astudiaethau sy'n cysylltu myfyrio gyda llai o actifedd yn y *default mode network* sef rhwydwaith yn yr ymennydd sy'n gyfrifol am y siarad mewnol ac am y meddyliau sy'n crwydro. Mae myfyrio yn ffordd o dorri trwy'r swyn o fod ar goll mewn meddyliau ac yn ddefnyddiol i helpu rhywun i fod yn llai adweithiol i bethau sydd yn digwydd mewn bywyd, drwy ymateb o stad feddyliol gliriach. Byddwn wastad yn teimlo'n fwy llonydd wedi myfyrio. Y drafferth ydi mod i' n myfyrio yn y gobaith o ddistewi'r meddyliau yn gyfan gwbl. Byddaf yn barnu fy hun os na fydda i'n gwneud ac mae'r elfen gystadleuol ynof yn fy ngyrru i geisio bod yn rhyw feistr ar y gamp.

Cwrddais â Louise, fy ngwraig, mewn bar yng Nghaerdydd yn 2009. Daw o bentref bach o'r enw Grimsargh, ger Preston yn Sir Gaerhirfryn yn wreiddiol. Roedd hi'n gweithio yng Nghaerdydd fel cyfrifydd fforensig. Dydi Louise ddim yn fy adnabod fel pêl-droediwr ond hi sydd wedi gweld effeithiau gwacter y gêm arnaf yn fwy na neb.

Ceisiodd helpu drwy ofyn 'What's wrong?' ond y gwir oedd y gallwn fod yn cael diwrnod hyfryd ac wedyn disgynnai'r niwl o unman, heb rybudd na rheswm. Achosodd hyn i mi ddechrau ofni iselder oherwydd doedd dim patrwm yn perthyn iddo. Do'n i ddim yn teimlo'n *anhapus*. Am gyfnod hir baswn yn ei frwydro a cheisio ei wrthsefyll, ac oherwydd hynny, roedd tyndra parhaol yn fy mywyd.

Priodasom yn 2013 a mynd i Laos ar ein mis mêl. Mae Laos yn Asia, ac wedi ei hamgylchynu gan Fietnam, Gwlad Thai, Byrma, Tsieina a Chambodia. Wnes i erfyn ar Louise i gael mynd yno oherwydd i mi ddarllen fod yna draddodiad Bwdhaeth cryf yno. Yn sgil y myfyrio ro'n i wedi darllen cwpl o lyfrau Bwdhaeth – teimlai'n fwy fel athroniaeth na chrefydd ac roedd yn apelio ar y pryd. Credwn y byddai ymweld â'r holl demlau yn fy nhroi i yn rhyw fath o Fwdha, gan waredu'r iselder am byth. Y gwir oedd, ar wahân i dreulio amser gwerthfawr gyda fy ngwraig newydd, uchafbwynt y trip oedd chwarae pêl-droed gyda chriw o blant mewn pentref tlawd mewn ardal wledig o'r wlad. Mae iaith y bêl gron yn gallu uno pobl ddieithr – o bob oed.

Byddai ambell brynhawn Sadwrn yn cael ei lenwi drwy siopa gyda Louise. Dydw i erioed wedi cael llawer o flas ar fynd i siopa, felly byddwn yn sleifio i solas y siop lyfrau am gwpl o oriau. Mae bod o amgylch llyfrau yn gwneud i mi deimlo'n llonydd iawn. Roedd gan Dad-cu atig yn llawn ohonynt, ac yn blentyn awn yno i'w bodio. Hoffwn deimlad y llyfr yn fy llaw wrth droi'r tudalennau; gwynt y papur yn fy ffroenau yn fy nghysuro. Ar un o'r tripiau i'r dre, gwelais glawr llyfr o'r enw *Meditations* gan Marcus Aurelius yn syllu arnaf. Estynnais y llyfr o'r silff a'i agor. Disgwyliwn ddarllen llyfr yn ymwneud â myfyrio, ond doedd a wnelo y cynnwys un dim â hynny.

Ymerawdwr Rhufain rhwng 161-180 CC oedd Marcus Aurelius – fe o bosib oedd y dyn mwyaf pwerus yn y byd ar y pryd. Mae'r llyfr yn gasgliad o nodiadau a ysgrifennodd – fel rhyw fath o arweinlyfr ar gyfer ei fywyd. Tydw i ddim yn un sydd yn hoff o dderbyn tosturi, felly roedd darllen ei gyngor oedd yn osgoi unrhyw deimlad o hunan-dosturi, yn apelio.

"How unfortunate I am, that this has happened to me!" Not at all – rather, "How fortunate I am, that although this has happened to me I am still unhurt, neither broken by the present nor dreading what is to come." For something of this sort may have happened to anyone, but not everyone would remain unhurt in spite of it... Remember then, on each occasion that might lead you to grief to make use of this idea: "This is no misfortune; time to bear it nobly, rather, is good fortune."

Roedd Marcus Aurelius yn gefnogwr athroniaeth o'r enw Stoiciaeth oedd yn boblogaidd yn ystod y cyfnod. Dyma athroniaeth ymarferol ar sut i fyw bywyd. Prif egwyddor Stoiciaeth yw taw nid beth sydd yn digwydd ym mywyd rhywun sy'n bwysig, ond yn hytrach, y ffordd mae rhywun yn ymateb sy'n bwysig. Gall fod yn addas ar gyfer unrhyw achlysur, ond yn enwedig pan fo rhywun yng nghanol argyfyngau bywyd. Dyn o'r enw Epictetus a fu'n gaethwas am gyfnod o'i fywyd wnaeth ysbrydoli Aurelius ac a aeth yn ei flaen i ysgrifennu o bosib y llyfr *self-help* cyntaf sef *Enchiridion* a ysgrifennwyd tua 125 OC.

Un o ymarferion Stoiciaeth yw ceisio edrych ar ddigwyddiadau mewn bywyd mewn ffyrdd gwahanol, a hynny trwy newid y lens a ddefnyddir. Roedd hyn yn hynod o fuddiol i mi. 'O leiaf fod dwy goes gen ti, a dy fod yn gallu cerdded,' meddwn wrthyf fy hun.

Hyd heddiw, rwy'n dal i feddwl am Jimmy ac yn ceisio gwerthfawrogi fod gen i fy mywyd i'w fwynhau ac i gofio hynny ar bob achlysur. Yn anffodus mae yna ddau Jimmy yn fy atgoffa o hynny bellach.

Roedd Jimmy James yn rhan o'r garfan yng Nghaerfyrddin yn ystod fy nghyfnod cyntaf yn y clwb. Roedd y chwaraewyr wedi rhoi'r llysenw 'Prentis' iddo oherwydd ei debygrwydd i mi. Roedd e gwpl o flynyddoedd yn iau, ond chwaraeodd yn yr un safle â fi yng nghanol cae ac roedd yntau yn chwaraewr troed chwith fel finnau. Enillodd gap i dîm ysgolion Cymru, a dwi'n credu iddo gael treial gyda Man U pan oedd yn iau. Roedd yn dalentog, yn fachgen dymunol iawn gyda gwên barhaus ar ei wyneb.

Ym mis Mawrth 2009 derbyniais y newyddion ei fod wedi lladd ei hun ac yntau yn ddim ond 23 mlwydd oed ar y pryd. Roeddwn wedi ei weld gyda'i deulu yn mwynhau pryd o fwyd ym Mae Caerdydd ychydig cyn hynny, ac wedi mwynhau sgwrs fach gyda fe. Roedd Stoiciaeth yn ystyried hunanladdiad yn opsiwn derbyniol mewn bywyd, ond dim ond mewn amgylchiadau eithafol – os yn hen, yn fregus, yn methu cyfrannu at gymdeithas neu er mwyn osgoi bod yn gaethwas pe bai rhywun wedi cael ei ddal gan y gelyn mewn brwydr. Pe bai rhywun yn gallu bod o ddefnydd i eraill mewn unrhyw ffordd, roedd hi'n werth aros yn fyw.

Mae cymaint o ddynion ifanc fel Jimmy – dynion sydd â chymaint i'w gynnig i gymdeithas, i'w teuluoedd ac i'w ffrindiau, yn rhoi diwedd ar eu bywydau. Mae cymaint o rieni yn gorfod claddu meibion. Gadewir bwlch na ellir fyth ei lenwi.

Es i ddim i angladd Jimmy. Ro'n i'n gapten arno yng Nghaerfyrddin – dylwn fod wedi bod yno ymysg y galarwyr eraill. Y gwir amdani oedd bod y meddyliau tywyll wedi bod yn fy mygwth ers peth amser ac felly allwn i ddim wynebu mynd i'r angladd.

Pennod 16

GANED ARTHUR, FY mab hynaf, yn 2014. Llwyddodd tadolaeth i amlygu'r newid yn fy nghymeriad. Roedd gwylio llawenydd a rhyddid Arthur wrth iddo archwilio'r byd yn gwneud i mi sylweddoli bod yr elfennau hynny wedi diflannu ohona i. Deallaf fod cyfrifoldebau yn cynyddu wrth fynd yn hŷn, ond tydi hynny o reidrwydd ddim yn golygu'r angen i golli'r rhyfeddod at fywyd. Yn fy achos i, roedd yr hedyn diwerth wedi blaguro a thyfu yn ddraenllwyn. Do'n i ddim am ei gyffwrdd a chael fy mhigo.

Ar y pryd ro'n i wedi mentro i fyd cynhyrchu a chyfarwyddo rhaglenni dogfen. Cynhyrchais raglen ar y dyfarnwr rygbi Nigel Owens, cyn iddo ddyfarnu rownd derfynol Cwpan y Byd yn 2015. Ro'n i'n llawn edmygedd o'i onestrwydd yn trafod ei drafferthion ef, wedi iddo bron â diweddu ei fywyd. Yn 2016 gweithiais ar gyfres gyda chynymosodwr Cymru ac Arsenal, John Hartson. Do'n i ddim yn ei adnabod cyn hynny, ond cefais fy syfrdanu gyda pha mor agored oedd e gyda fi. Bu bron iddo golli popeth yn sgil dibyniaeth gamblo. Ar y pryd, do'n i ddim mor barod i fod mor agored â Nigel Owens a John Hartson.

Es i weld cwnselydd ond roedd y mwgwd wedi ei weldio arna i. Cyn mynd i'w weld mi wnes i baratoi yn yr un ffordd ag y buaswn yn ei wneud cyn chwarae gêm bêl-droed. Do'n i ddim am ei ddiflasu trwy fod yn drist am yr awr, felly byddwn yn mynd trwy'r apwyntiadau yn fy mhen o flaen llaw, gan ddychmygu fy hunan yn llon. Dywedodd wrtha i wedi un sesiwn, 'You know what Rhod, I don't think you are depressed, just very hard on yourself.' Es yn ôl i'r car a rhoi fy mhen yn fy nwylo – teimlwn fel twyllwr. Roeddwn wedi medru meistroli'r act yn berffaith.

Ganed Evan, fy mab ieuengaf, ym mis Ebrill 2017, ac roedd cael yr ail blentyn yn golygu mwy o bwysau i fedru cynnal cydbwysedd mewn bywyd. Gweithiwn yn galetach nag erioed yn cynhyrchu a chyfarwyddo rhaglen ddogfen ar gorffluniwr byd-enwog o Lanelli, Flex Lewis. Roedd y fersiwn Gymraeg newydd gael ei ddarlledu ar S4C ac roedd hynny wedi bod yn broses anodd am sawl rheswm. Ro'n i yng nghanol rhoi'r fersiwn Saesneg at ei gilydd ar gyfer BBC Cymru. Cyn genedigaeth Evan, ro'n i wedi bod yn yr Unol Daleithiau yn ffilmio yn Ohio, ac roedd yna dripiau i Fflorida a Las Vegas ar y gweill. Fel arfer byddai ffilmio yn y ddau le yma wedi bod yn freuddwyd, ond doedd gen i ddim awydd mynd yno. Gwyddwn nad oedd fy stad feddyliol yn y lle gorau ar y pryd. Ceisiais lenwi'r gwacter gyda llwyddiannau allanol. Roedd fel tywallt dŵr i mewn i dwll yn y pridd; llenwai am ychydig cyn i'r dŵr dreiddio drwyddo gan adael y gwacter i amlygu ei hun unwaith yn rhagor.

Roeddwn ar y ffordd i'r swyddfa un dydd pan ddechreuais grio yn y car. Ffoniais fy Nhad a dywedodd wrtha i am fynd yn syth at y doctor. Dilynais ei gyfarwyddiadau, ac yn yr apwyntiad dywedais wrthi fy mod yn brwydro gydag iselder a straen bywyd ac yn methu cael gwared ohono. Rhedodd hi trwy'r *protocol*.

'Do you have any thoughts of suicide?'

'Well, yes, sometimes.' Am gwestiwn twp meddyliais. Onid

felly y mae pawb? Roedd y meddyliau yma mor gyffredin â dewis beth i'w wisgo bob dydd. Yn amlwg o'r olwg bryderus arni doedd pawb ddim yn cael yr un meddyliau.

'Would you ever act on them?'

'No, of course not. I have two beautiful boys and a wonderful wife at home.'

'What about if you didn't have them?'

Deffrais yn y foment honno.

Do'n i ddim am ddiweddu fy mywyd. Pe bawn i am gyflawni hynny o ddifrif, byddwn wedi gwneud eisoes, ond roedd y sylweddoliad 'mod i mor hamddenol am y peth fel taro bwyell trwy'r haenau o iâ a oedd wedi eu ffurfio yn ddwfn ynof dros y blynyddoedd. Doedd fy ffordd o geisio dygymod gyda bywyd drwy anwybyddu pethau a bod mor hunan-feirniadol ddim yn gweithio ac roedd wedi llwyddo i fy arwain at y pwynt hwn. Weithiau mewn bywyd, fel mewn gêm bêl-droed, rhaid newid tacteg.

Am gyfnod roedd rhaid canolbwyntio ar y tu mewn yn hytrach nag ar lwyddiannau allanol. Roedd angen i mi lanhau'r llechen – a gwneud hynny fy hun. Roedd rhaid bod yn onest, cymryd cyfrifoldeb, ond hefyd dechrau bod yn garedig gyda mi fy hun, a rhoi fy ngofynion i'n gyntaf yn hytrach na cheisio plesio pawb. Wrth gwrs, rwy'n barod i wneud unrhyw beth i'm gwraig a 'mhlant annwyl, ac roedd dal angen i mi ddarparu ar eu cyfer ond ro'n i'n gwybod nad o'n i'n werth dim iddynt chwe throedfedd o dan y ddaear.

Do'n i ddim am ychwanegu mwy o straen at fy mywyd, ond yn hytrach am symleiddio pethau am gyfnod a cheisio lleihau unrhyw ffynonellau negatif. Ro'n i wedi edrych ar y byd fel un gystadleuaeth fawr rhwng pawb – dylanwad y byd pêl-droed, heb os. Ond nid dyma oedd y ffordd orau i fyw bellach. Ar y llaw arall, llwyddodd y gêm i feithrin y ddisgyblaeth a'r dyfalbarhad fyddai o fudd i mi yn ystod y cyfnod yma – pan oeddwn ei wir angen. Roedd angen glanhau'r lens a ddefnyddiwn i edrych ar y byd, a dod i ddeall y meddwl o ddifri drwy astudio, ymarfer a synfyfyrio.

Dydw i ddim am fanylu ar yr hyn a oedd o gymorth i mi. Does dim byd gwaeth na darllen llyfr sydd yn awgrymu'r atebion – y gwir yw does dim llawlyfr ar sut i fyw bywyd – er enghraifft byddai rhai pobl yn darllen llyfrau Stoiciaeth ac yn teimlo dim budd o'u darllen. Tydi'r holl grefyddau ddim yn cytuno ar un ffordd o fyw hyd yn oed. Y gwir yw does gan neb yr *ateb* i fywyd.

Rhywun sydd wedi creu argraff arna i yw gŵr o Ganada o'r enw Darryl Bailey. Mae e wedi bod yn astudio ymarferion canolbwyntio ac ymwybyddiaeth yn y traddodiadau Dwyreiniol a Gorllewinol. Treuliodd chwe blynedd fel mynach myfyrdod Bwdïaidd, cyn gadael y bywyd hwnnw yn gyfan gwbl. Bellach, dyw e ddim yn cysylltu gydag unrhyw athrawiaeth benodol, sy'n apelio i mi. Mae'n ymdrin yn syml gyda'n profiadau dyddiol. Dyma ddyfyniad o'i lyfr *"What the..." A Conversation about Living*:

> Existence expresses itself in an endless variety. No two snowflakes are identical. No two things anywhere are identical, so the idea that two people should be the same, or find contentment in the same way, or even have the same sense of existence, is absurd.
>
> Each of us is unique. We have to be the differently unique expression that we are, and no other person knows what we're supposed to be, or what we're supposed to be doing in life. There's simply the movement of existence, expressing each apparent person in a different way.

Yr hyn wnaeth wahaniaeth mawr i mi oedd dysgu ildio a derbyn popeth sy'n digwydd. Tydi hynny ddim yn golygu rhoi'r gorau iddi, yn hytrach mae'n golygu peidio â gwrthsefyll pethau. Am flynyddoedd ceisiais reoli popeth yn fy mywyd, gan obeithio cyrraedd pwynt yn y dyfodol lle byddai popeth yn iawn. Ro'n i'n ceisio edrych am sicrwydd mewn byd sydd yn ansicr ei natur ac yn newid ar gyflymder gwahanol. Dyma yw llif bywyd.

Wedi perfformiad da ar y cae pêl-droed, dyhewn am fedru storio'r perfformiad a'i ailadrodd ar bob achlysur – ond tydi bywyd ddim yn gweithio felly. Gallwn baratoi union yr un ffordd yr wythnos ganlynol a pheidio cael perfformiad cystal. Weithiau, dydi'r bêl ddim yn dod i gyfeiriad rhywun, er gwaetha'r holl baratoi ac ymdrech.

Rwyf wedi darllen nifer helaeth o lyfrau ar bynciau amrywiol gan wneud llu o nodiadau a marciau ar y tudalennau gyda phensil. Ond gallwn ddarllen cannoedd o lyfrau gan fod yn ddim doethach wedi hynny. Yn ogystal, mae'r nodwedd obsesiynol yn fy mhersonoliaeth yn golygu bod tueddiad gen i i yrru fy hun i geisio darllen pob llyfr ar bynciau gwahanol!

Hunangofiant a ddarllenais ar ddechrau 2019 a gafodd dipyn o argraff arnaf oedd *The Choice* gan Edith Eger. Roeddwn wedi darllen cwpl o lyfrau eisoes yn ymwneud â'r Holocost cyn hynny, sef *Man's Search for Meaning* gan Viktor Frankl a *If This is a Man / The Truce,* gan Primo Levi. Er y straeon anhygoel yn y ddau lyfr, llyfr Eger gafodd yr argraff fwyaf arnaf. Mae'r llyfr yn sôn am ei phrofiadau wedi i'w theulu a hithau gael eu danfon i Auschwitz, a hithau ar y pryd yn ei harddegau. Lladdwyd ei mam a'i thad yn syth wedi cyrraedd y gwersyll-garchar, ond goroesodd ei chwaer a hithau.

Mae Edith Eger bellach yn seicolegydd. Mae ganddi bob rheswm i fychanu problemau pobl sy'n ymddangos yn bitw o'i gymharu â'r erchyllterau a brofodd hi. Ond nid dyna a wna:

There is no hierarchy of suffering. There's nothing that makes my pain worse or better than yours, no graph on which we can plot the relative importance of one sorrow versus another. People say to me, "Things in my life are pretty hard right now, but I have no right to complain – it's not Auschwitz." This kind of comparison can lead us to minimize or diminish our own suffering. Being a survivor, being a "thriver" requires absolute acceptance of what was and what is. If we discount our pain, or punish ourselves for feeling lost or isolated or scared about the challenges in our lives, however insignificant these challenges may seem to someone else, then we're still choosing to be victims. We're not seeing our choices. We're judging ourselves.

Pan ddiflannodd pêl-droed o 'mywyd, roedd edrych ar bethau drwy lens gwahanol yn gymorth. Do'n i ddim wedi ystyried pa mor allweddol oedd pêl-droed drwy gydol fy mywyd. Roedd yn rhan annatod ohonof. Roedd modd i mi ddianc i fyd y bêl gron yn yr ardd lle teimlwn yn heddychlon am oriau maith. Roedd y cae pêl-droed yn rhywle i mi ryddhau rhwystredigaethau. Dyna oedd yr unig le y teimlwn yn hollol gyffyrddus. Mae'r rheolau yn glir – sgorio mwy o goliau na'r gwrthwynebwyr. Does dim rheolau tebyg mewn bywyd, felly rydym yn ceisio creu ein rheolau ein hunain, a chydio yn rhywbeth, er mwyn osgoi teimlo yn unig ac ar goll.

Roedd geiriau Edith Eger fel petaent yn rhoi caniatâd i mi fod yn agored am fy stori. Ar ddechrau 2019 gwelais fod yr ymgyrch cenedlaethol 'Amser i Newid Cymru' yn chwilio am bobl oedd wedi profi materion iechyd meddwl i fod yn Hyrwyddwyr (*Champions*). Roeddent yn targedu dynion, yn y gobaith o waredu'r stigma am iechyd meddwl sydd yn bodoli mewn cymdeithas.

Roeddwn wedi gwneud gwaith gwirfoddol o'r blaen fel mentor oedd yn ceisio helpu pobl ifanc oedd wedi troseddu neu oedd yn gadael y system ofal i gael gwaith. Ar ôl i

Arthur gael ei eni, ro'n i'n rhy brysur ond er hynny, yn dal i deimlo'r atyniad i wirfoddoli.

Fel rhan o'r hyfforddi roedd angen i ni baratoi cyflwyniad a'i gyflwyno i weddill y grŵp. Maes o law, byddwn yn mynd i wneud yr un fath o flaen cwmnïau yn Ne Cymru. Penderfynais gynnwys cerdd a ysgrifennais tra o'n i'n dioddef pwl o iselder. Rwy'n gallu rhyddhau emosiynau yn well trwy gyfrwng barddoniaeth nag unrhyw ffurf arall. Yn aml, byddaf yn cael fy nhynnu at eiriau cysurus bardd o'r enw David Whyte. Bu'n byw yng Nghymru am gyfnod a chafodd radd mewn Bioleg Morol o Brifysgol Bangor. Mae e bellach yn byw yn yr Unol Daleithiau. Dyma ddarn o'i gerdd 'Sweet Darkness':

> You must learn one thing
> The world was made to be free in.
>
> Give up all the other worlds
> except the one to which you belong.
>
> Sometime it takes darkness and the sweet
> confinement of your aloneness
> to learn
>
> anything or anyone
> that does not bring you alive
>
> is too small for you.

Mae Whyte yn aml yn llefaru ei farddoniaeth, a hynny yn ei acen lyfn, gyfoethog. Do'n i ddim wedi ymarfer darllen fy ngherdd o flaen llaw. Pan lefarais y frawddeg gyntaf, teimlais y dagrau'n cronni a doedd dim modd eu hatal rhag llifo: ond ro'n i'n benderfynol o orffen y gerdd.

Cerdd Saesneg yw hi. Fel yn achos y dyddlyfr yn grwt ifanc, do'n i ddim am hunan-farnu yn fy mamiaith. Dyma hi:

This wooden boat creaks and cracks, the oars have now gone.
Mist descends and surrounds, a life without song.
Memories fade, laughter fades, dragging towards the crash.
The water ripples no more, deadly silence rises from the ash.

Rust erodes and tarnishes, this colour of dull
Waves batter and pound this once magnificent hull,
Steering and navigating a ship that ceases to sail
Man overboard, ahoy, lost,
To no avail.

A mind that once was hopeful, full of dreams, ready to soar
Now broken and shattered,
Shards of glass on the floor.

Doedd y dagrau ddim yn llifo oherwydd fod y geiriau'n brifo, ond oherwydd mod i erbyn hyn yn barod i adael i'r emosiynau lifo ohonof. Wnes i ddim boddi yn y diwedd. Llwyddais i godi 'mhen yn ôl at arwyneb y dŵr a nofio at y lan. Efallai nad ydi'r geiriau mor drawiadol â rhai Whyte, ond maent yn bwysig i mi.

Ro'n i'n arfer credu fod pawb arall yn hwylio yn llyfn drwy eu bywydau a rhaid bod rhywbeth o'i le gyda mi – heb sylweddoli fod rhai pobl yn teimlo yr un fath amdana i. Sylweddolaf fod y rhan fwyaf yn gwisgo'r mwgwd o bryd i'w gilydd. Wedi i mi orffen cyflwyno o flaen cwmnïau gwahanol, mae sawl person yn dod lan ataf, yn ysu i ysgafnhau'r llwyth oddi ar eu cefnau, drwy rannu eu problemau gyda dyn oedd yn ddieithr iddynt lai nag awr ynghynt. Rydym am oroesi, am deimlo fel rhan o'r llwyth, a ddim am ymddangos yn fregus o flaen eraill – hyd yn oed os yw'r clwyf yn ddyfn y tu mewn.

Ym mis Awst 2019, llifodd y dagrau unwaith yn rhagor wrth i mi ddarllen y pennawd yma ar wefan *Wales Online*: 'Talented young Welsh footballer took his own life after injuries ruined his career.' Roedd bachgen o'r enw Joel

Darlington o Gellifor, ger Rhuthun, wedi cael ei ddarganfod yn farw yng ngarej ei deulu ym mis Mawrth y flwyddyn honno. Cynrychiolodd Cymru ar lefel ieuenctid a chafodd dreial gyda Man U. Do'n i ddim yn ei adnabod ond cafodd ei stori effaith fawr arnaf. Bywyd arall wedi ei golli – teulu arall yn dioddef a theimlad yng nghefn fy meddwl, pe bai bywyd wedi bod yn wahanol, gallai hwn fod yn bennawd yn fy nisgrifio i.

Dyna oedd y cymhelliad i fynd gam ymhellach yn fy ngwaith i godi ymwybyddiaeth drwy gytuno i wneud cyfweliadau i newyddion BBC Cymru, S4C ac ITV Cymru am fy stori ar ddiwedd 2019, ynghyd ag ymddangosiadau ar raglenni *Heno* a *Sgorio*, a sawl podlediad gwahanol. Roeddwn wedi gwneud cyfweliad gyda newyddiadurwr *Wales on Sunday* hefyd a heb feddwl llawer amdano wedyn. Es ag Arthur ac Evan i'r archfarchnad un bore Sul, a dyma'r ddau yn gweiddi 'Dadi' nerth eu pennau wedi iddynt weld llun mawr ohonof ar y dudalen flaen. Do'n i ddim yn teimlo cywilydd, ond tydw i chwaith ddim yn hoff o ffws a thosturi, felly cydiais yn y ddau a mynd i guddio ymysg y llysiau.

Rydw i wastad yn teimlo'n ysgafnach wedi rhannu fy stori, sydd yn arwydd taw dyna'r penderfyniad cywir. Rwy'n siŵr fod rhai pobl yn feirniadol o'r hyn rwy'n ei ddweud weithiau, a does gen i ddim problem gyda hynny. Ond os y llwydda i i wneud gwahaniaeth i un person, mae'n werth y drafferth – a ph'run bynnag, does dim byd all unrhyw un ddweud wrtha i sy'n waeth na'r pethau rydw i wedi eu dweud wrthyf fi fy hun dros y blynyddoedd!

Mae rhai pobl yn fy ngalw yn ddewr am rannu a bod mor agored ond dydw i ddim yn cyd-weld â hynny – dewr ydi rhywun sy'n medru gwisgo'r mwgwd am weddill eu bywydau, oherwydd allwn i ddim gwneud hynny. Wedi rhannu mae yna bob amser lais gwan yng nghefn fy meddwl sy'n dweud, 'Paid bod yn pathetig' a 'Ti'n wan' ond dydi'r llais a'r meddyliau ddim yn cydio rhagor, fel y gwnaent am gyfnod maith o 'mywyd.

Bellach mae fy ngyrfa wedi mynd â fi o'r caeau pêl-droed draw i gyfeiriad Cwmderi. Cefais gyfle i gyfarwyddo pennod o *Pobol y Cwm* wedi i mi gyfarwyddo ffilm fer, o dan oruchwyliaeth cynhyrchydd y gyfres ar y pryd, Llyr Morus. Ro'n i'n ddiolchgar iddo am y cyfle.

Pan fentrais ar y set am y tro cyntaf ro'n i'n fwy pryderus nag o'n i cyn cerdded i'r ganolfan ymarfer yn Man U am y tro cyntaf. Roedd yr amgylchedd pêl-droed yn gyfarwydd i mi, a theimlwn yn ddiogel yno, ond roedd hwn yn rhywbeth newydd. Dyna un peth wnes i elwa o 'mhrofiadau yn Man U sef yr agwedd i beidio anghofio fod bywyd yn llawn posibiliadau diderfyn. Weithiau mewn bywyd rhaid mentro ar deimlad anghysurus, yn hytrach na'i osgoi a pheidio trio o gwbl.

Ro'n i'n fwy nerfus cyn cwrdd â Dai 'Sgaffalde' Ashurst nag o'n i cyn wynebu David Beckham! Ro'n i'n arfer mwynhau gwylio Emyr Wyn, sy'n chwarae rhan Dai, yn actio rhan y Parchedig J. S. Jones yn y gyfres gomedi *Teulu'r Mans*, a hefyd ro'n i'n dwli gwylio'r ffilm *Y Dyn 'Nath Ddwyn y Dolig* yn blentyn. Byddwn yn arfer chwarae casét o ganeuon plant y grŵp Mynediad am Ddim yn y car hefyd gan gyd-ganu gydag Emyr. Wrth ymarfer am y tro cyntaf gyda'r cast gofynnais iddo a fyddai yna ryw fath o *initiation* i 'nghroesawu i Gwmderi – ro'n i'n hanner disgwyl gorfod canu 'Bachgen Bach o Dincer' yn fy mhans yng Nghaffi Meic!

Fel rhan o'r gwaith cyfarwyddo byddaf yn cynllunio symudiadau'r actorion mewn golygfa a ble fydd y camerâu yn cael eu gosod. Mae'r sgript wedi ei pharatoi wythnosau o flaen llaw, a'r actorion yn gwybod eu llinyn storïol am y misoedd i ddod. Oni fyddai bywyd lawer yn haws pe byddai pawb yn gwybod ei sgript o flaen llaw ac yn gwybod pa sefyllfaoedd fydd yn wynebu rhywun, a beth yn gwmws fydd yn digwydd yn y sefyllfaoedd hynny? Ond does dim sgript, dim llinyn stori a does dim syniad gennym pa gymeriadau fydd yn mynd a dod yn ein bywydau. Yr oll sydd gennym yw'r foment bresennol, a'r her yw i fod yn ti dy hun mewn bywyd, yn hytrach nag actio rôl rhywun arall.

Bellach rwy'n rhydd i chwarae fy rôl i – tydi hynny ddim yn golygu 'mod i'n cerdded o gwmpas gyda gwên ar fy ngwyneb trwy'r amser – rwy'n parhau i gael fy effeithio gan bethau mewn bywyd. Mae'r niwl yn dal i gwympo ar adegau, ond nid yw mor drwchus ag ydoedd ar un tro ac nid yw'n digwydd mor aml.

Dydw i ddim yn ychwanegu labeli, straeon a chysyniadau i bethau rhagor – rwy'n delio gyda'r hyn sydd yn wir yn wrthrychol ymhob sefyllfa, cyn i'r meddyliau ddechrau ymyrryd. Ni dderbyniais gytundeb newydd gan Syr Alex ond tydi hynny ddim yn golygu fy mod yn fethiant. Dywedodd yr arbenigwr bod fy mhen-glin mewn cyflwr tebyg i gyn-bêl-droediwr 50 mlwydd oed pan o'n i'n 24 ond tydi hynny ddim yn golygu fy mod yn ddiwerth.

Bydd y datganiadau yma yn gwbl amlwg i nifer o ddarllenwyr, ond doedden nhw ddim i mi am flynyddoedd. Haws yw edrych ar sefyllfaoedd eraill a gweld pethau'n glir, ond llawer anoddach yw gwneud hynny pan fyddwn yn sôn amdanom ni ein hunain oherwydd mae'n credoau a'r lleisiau yn ein pennau yn gallu ein baglu.

Tydw i ddim yn disgwyl i fywyd fynd i unrhyw ffordd benodol. Tydi hynny ddim yn golygu nad ydw i'n uchelgeisiol. Mae'r awydd i lwyddo yno o hyd ond mynegiant ohonof yn unig ydyw – dim mwy na hynny. Tydi fy hunaniaeth ddim yn ddibynnol ar lwyddiannau neu fethiannau bellach. Mae fel pe bawn wedi agor y llenni ar fywyd ac oherwydd hynny, rwy'n edrych ar y byd mewn ffordd wahanol erbyn hyn.

Pennod 17

Tʏᴅᴡ ɪ ᴅᴅɪᴍ yn cefnogi Man U erbyn hyn. Nid oherwydd mod i'n dal dig am y gorffennol, ond yn hytrach oherwydd mod i'n euog, mewn rhyw ffordd, o'u cefnogi yn ormodol pan o'n i'n blentyn. Ro'n i'n gweld y chwaraewyr fel duwiau ac ro'n i wedi eu rhoi ar bedestal. Pan o'n i'n ysgolor yn Man U gwelais fod ganddynt y dalent anhygoel yma ar y cae, ond oddi arno doedd dim gwahaniaeth rhyngddyn nhw ac unrhyw un arall. Diflannodd y cariad dwys a deimlwn at y clwb yn ara' bach.

Pan feddyliais am ysgrifennu hunangofiant am y tro cyntaf, do'n i ddim yn credu bod fy stori yn werth mwy na hyd traethawd. Do'n i ddim yn meddwl bod fy hanes mor ddifyr â hynny. Efallai mai dyna fydd barn rhai fydd yn taflu'r llyfr o'r neilltu wedi paragraff neu ddau, neu farn rhai sydd heb fentro ei ddarllen o gwbl. Ond rwyf wedi ceisio bod yn onest. Rydan ni yn ddigon parod i dathlu ein llwyddiannau mewn bywyd, ond yn gyflym i geisio cuddio ein methiannau – er taw o'r rheini rydw i wedi dysgu'r gwersi mwyaf gwerthfawr yn fy mywyd. Onid y moroedd garw sydd yn gwneud morwr da yn y pen draw?

Hoffwn barhau i weithio ym myd teledu ond mae gennyf hefyd gymhwyster fel Arbenigwr Ffitrwydd Seicolegol, wedi i mi astudio gyda doctor cyfannol profiadol o'r enw Dr Mark

Atkinson. Y gobaith yw i fod o gymorth i eraill. Mae codi ymwybyddiaeth yn rhwydd. Yr oll sydd angen i mi wneud yw dweud fy stori, ond mae ceisio datblygu sgiliau pobl yn y maes yma yn golygu mynd gam ymhellach. Gall *pawb* elwa o hyn – ond efallai nad ydi cymdeithas yn gyfarwydd gyda gwneud hynny.

Rydw i hefyd wedi bod yn astudio gyda Peter Crone, sydd yn galw ei hun yn 'Bensaer ar y Meddwl' ac sydd yn un o'r arweinwyr yn y maes. Fe, yn fwy nag unrhyw un arall, sydd wedi cael yr effaith fwyaf arna i. Mae hiwmor yn rhan ganolog o'i waith ac mae'r gallu i chwerthin ar ben dy hun o bryd i'w gilydd yn rhywbeth pwysig. Ynghyd â dymuno lwc dda i mi gyda'r pêl-droed, disgrifiodd fy athrawes gyntaf fi fel 'tipyn o dderyn' yn yr ysgol gynradd, ond roedd yna gyfnod yn fy mywyd lle ro'n i'n 'llawer rhy o ddifri' yn fy agwedd.

Rwyf hefyd yn Ymarferwr NLP, sef *Neurolinguistic Programming*, sydd yn fras yn ymwneud â deall sut mae pobl yn trefnu eu meddyliau, eu teimladau a'u hiaith. Rydym i gyd yn ffurfio ein mapiau o'r byd ar sail y ffordd rydan ni'n ffiltro'r llwyth o wybodaeth sydd yn dod i'n meddyliau trwy ein pump synnwyr – trwy eu dileu, eu camliwio a chyffredinoli. Mae hyn wedyn yn gyrru ein meddyliau, ein teimladau, ac yn y pen draw ein hymddygiad. Mae hi'n amhosib i'r rhan ymwybodol o'n meddyliau brosesu'r holl wybodaeth, felly mae llawer o hyn yn digwydd yn yr isymwybod. Mae llawer o'n patrymau ymddygiad yn cael eu ffurfio yn ein plentyndod pan fo'r isymwybod yn amsugno llawer o *reolau* bywyd gan gymdeithas a rhieni. Felly erbyn hyn, pan fydda i'n cwrdd â rhywun, mae mwy o ddiddordeb gen i yn yr hyn sydd yn gyrru ymddygiad rhywun, yn hytrach na'u barnu ar sail eu hymddygiad yn unig. Mae'r iaith y bydd rhywun yn ei defnyddio yn ffenestr i'w meddyliau.

Yr hyn ddaeth i'r wyneb yn ystod yr hyfforddiant oedd bod fy meddwl i yn gweithio yn gyflym iawn. Dywedodd yr athrawes wrth bawb y byddai'n rhaid iddynt weithio yn gyflym iawn os oeddent yn cael eu partneru â mi. Roedd hyn efallai yn esbonio pam ei bod hi mor anodd i mi amddiffyn fy hun rhag y meddyliau. Roedd fy meddyliau yn ymosod o bob ongl ac yn gyflym – un ar ôl y llall. Oherwydd hynny dwi'n ceisio osgoi byw yn fy mhen yn ormodol.

Does dim pwynt difaru unrhyw beth sydd wedi digwydd mewn bywyd. Mae Mam yn cwestiynu weithiau ai'r penderfyniad cywir oedd i mi fynd ar drywydd pêl-droed o gwbl, ond dydw i erioed wedi gofyn y cwestiwn yna. Roedd pêl-droed wedi helpu i daflu goleuni ar ran ohonof nad oedd yn rhydd, ac rwy'n werthfawrogol o hynny – a beth bynnag, ni allaf ddychmygu fersiwn o'r stori ble buaswn wedi gwrthod y cyfle i chwarae i Man U!

Mi wnes i'r penderfyniad cywir i ymddeol pam wnes i. Y tro olaf i mi chwarae mewn gêm swyddogol oedd pan gytunais i chwarae i dîm o selebs, er mwyn codi arian ar gyfer Eisteddfod yr Urdd yn 2010. Chwyddodd y ben-glin am bythefnos wedi hynny. 'That's why I can't play anymore,' meddwn wrth Louise.

Rwyf wedi llwyddo i fownsio fel ffŵl ar y trampolîn gyda fy meibion, wedi meistroli'r grefft o fod yn flaidd sionc wrth eu dilyn yn yr ardd a gobeithiaf allu chwarae gyda nhw am flynyddoedd i ddod. Mi fydd y ben-glin yn parhau i ddirywio gydag amser, mae hynny yn anochel, ac o bosib bydd angen mwy o lawdriniaethau arnaf yn y dyfodol. Ond dwi'n ffyddiog y bydd fy meddwl yn parhau i fod yn effro wedi blynyddoedd o fod mewn trwmgwsg.

Mae'r diffyg ffitrwydd seicolegol wedi cael mwy o effaith ar fy mywyd na'r anafiadau pen-glin. Dydw i ddim yn edrych ar fywyd trwy'r ben-glin ond mae popeth yn cael ei liwio gan y meddwl. Petai rhywun wedi f'addysgu ar ddechrau fy ngyrfa pêl-droed ynglŷn â gwir natur fy meddyliau, byddwn wedi bod yn llawer mwy rhydd wrth chwarae ar y cae ac oddi arno. Mae meddyliau yn neidio ata i weithiau ac alla i ddim canfod unrhyw le *penodol* yn fy mhen lle y cawsant eu creu yn y lle cyntaf. Mae llawer ohonynt yn feirniadol, yn hytrach nag adeiladol. Dyna fy mhrofiad i, felly tydi hi ddim yn gwneud synnwyr i ganiatáu iddynt fy arwain o gwmpas fel ci bach ufudd. Dwi'n ceisio defnyddio'r meddwl pan fo angen, ond dim mwy na hynny.

Er i mi gyflwyno'r llyfr hwn yn deyrnged i Tad-cu, llyfr i fy meibion ydyw yn y bôn. Rwyf wedi ceisio addysgu'r ddau i fod yn gyffyrddus gyda'u hemosiynau o'r cychwyn. Yn naturiol fel pob rhiant rwyf am i Harri Hapus fyw yn barhaol ynddynt, ond tydi hynny ddim yn adlewyrchiad realistig o fywyd. Mae'n bwysig fod Gary Grac a Tomi Trist yn ymddangos o bryd i'w gilydd.

Ysgrifennais gerdd syml i roi i'r ddau yn anrheg ar eu penblwyddi cyntaf – y tro hwn yn y Gymraeg. Y gobaith yw y bydd yn gysur iddynt ar eu siwrne hwythau.

> Pan fo pethe yn teimlo'n stormus, cydia yn fy llaw,
> Mae Dad yn dy garu, beth bynnag a ddaw.
> Trobwynt bywyd wyt wedi bod i fi a Mam,
> Safwn ochr wrth ochr, wrth i ti gymryd pob cam.
> Gwna beth sydd yn dy 'neud yn hapus, gwna dy ore glas bob dydd,
> Does dim pwysau arnat i lwyddo, rheda yn llawen, ac yn rhydd,
> Stampia'r wên yna ar dy wyneb,
> Bydd yn angor i ti ymhob trychineb.
> Tybed beth fydd dy dynged yn y dyfodol?
> Ambell i ddeigryn, digon o chwerthin, ac efallai ambell gôl!
> Cofia, beth bynnag sy'n digwydd yn dy fywyd,
> Mae dy deulu cariadus yma i dy helpu unrhyw bryd.

Hefyd o'r Lolfa:

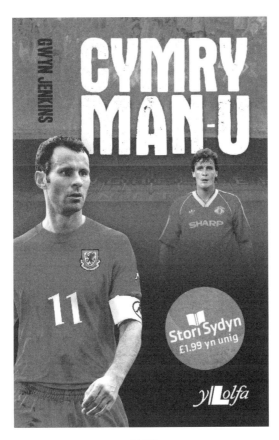

£1.99

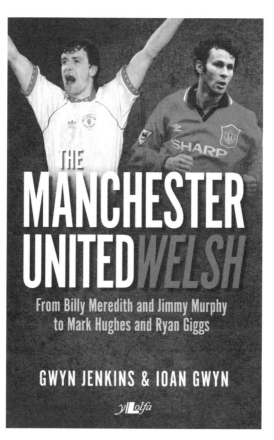

THE
MANCHESTER
UNITED *WELSH*

From Billy Meredith and Jimmy Murphy
to Mark Hughes and Ryan Giggs

GWYN JENKINS & IOAN GWYN

y lolfa

£6.99

Malcolm Allen

Hunangofiant

y Lolfa

£9.95